BOA LEITURA

ÍNDICE

Capítulo 1: A Era da Transformação Digital

Capítulo 2: Fundamentos da Governança de TI

Capítulo 3: Desmistificando a Resistência à Mudança

Capítulo 4: Integração de TI e Negócios

Capítulo 5: Avaliação e Planejamento da Governança de TI

Capítulo 6: Melhores Práticas para Implementação

Capítulo 7: O Papel da Tecnologia na Governança

Capítulo 8: Medindo o Sucesso da Governança de TI

Capítulo 9: Comunicação e Gestão de Stakeholders

Capítulo 10: Gerenciamento de Risco em TI

Capítulo 11: Sustentabilidade da Governança de TI

Capítulo 12: O Futuro da Governança de TI

Seja bem-vindo a esta jornada transformadora e reveladora, onde a Governança de TI assume o papel de protagonista na construção de um sucesso corporativo sólido e duradouro. Ao mergulhar nas páginas de "Governança de TI: Transformando em estratégia de sucesso corporativo", você descobrirá que a governança não é apenas um conjunto de diretrizes ou uma miríade de processos; é uma filosofia de liderança empresarial enraizada na adaptabilidade, na inovação e na colaboração.

No cenário atual, onde a transformação digital tornou-se uma necessidade inquestionável, as organizações enfrentam desafios sem precedentes. É nesse contexto que este livro se insere: apresentando um guia prático e acessível que destaca a importância de a governança de TI estar sempre alinhada às estratégias globais da empresa. Ao longo dos capítulos, você será exposto a dados e relatos que não só caminham lado a lado com a filosofia de transformar desafios em oportunidades, mas que também revelam a urgência dessa transformação.

Conforme você avançar na leitura, entenderá os fundamentos da Governança de TI, desmistificando conceitos complexos e se familiarizando com frameworks cruciais, como COBIT e ITIL. Esses modelos não são apenas ferramentas; são catalisadores necessários para a disciplina e a performance organizacional. Narrativas instigantes de empresas que prosperaram ou fracassaram diante das exigências da modernidade vão enriquecer sua compreensão e encorajar a ação.

Um dos elementos mais significativos que exploraremos é a resistência à mudança. É compreensível e, muitas vezes, predominante nas organizações. Histórias verídicas de intensidade emocional e repleta de aprendizados servirão como exemplos que mostram o poder de superação na transformação cultural. O retorno desta resistência pode ser o maior desafio para qualquer iniciativa de governança de TI e, aqui, você encontrará ferramentas e estratégias valiosas para abrir caminhos e conquistar adesões.

Você vai vivenciar um espaço onde a colaboração entre TI e as diversas áreas da empresa é uma realidade tangível e poderosa. O quarto capítulo traz uma abordagem sobre como a atuação integrativa entre diferentes departamentos pode gerar inovações e resultados positivos, além de refletir a verdadeira essência da governança: colaboração e sinergia.

Adicionalmente, você terá a oportunidade de se aprofundar nas melhores práticas que perpassam a implementação da governança. Em um passo a passo cuidadosamente estruturado, perceberá como a construção de um ambiente de apoio e a definição clara de papéis são cruciais para a consolidação de uma governança eficaz e respeitável. O autor traz exemplos práticos que se conectam diretamente à sua realidade e à de sua organização, promovendo uma reflexão crítica sobre sua atual governança e os caminhos a percorrer.

A era das tecnologias emergentes também será explorada de forma fascinante e impactante, oferecendo uma análise aprofundada de como ferramentas como inteligência artificial e automação redefinem o papel da Governança de TI. Você descobrirá que a inovação não é um luxo, mas sim uma necessidade que deve ser bem administrada e alinhada com estratégias de governança eficazes e éticas.

A medição do sucesso não poderia ficar de fora! O oitavo capítulo apresenta uma abordagem prática de indicadores de desempenho, trazendo exemplos concretos que guiam decisões informadas e impactantes. Compreender como mensurar o valor da governança de TI é essencial para qualquer líder que deseja não apenas sobreviver, mas prosperar nesse ecossistema desafiador.

Tratar da comunicação e da gestão de stakeholders é fundamental para fomentar um entendimento mútuo e garantir que todos estejam a bordo no barco da transformação. Você verá que estratégias de comunicação adequadas têm o poder de transformar a percepção sobre as iniciativas de governança, tornando-as não apenas aceitas, mas genuinamente abraçadas por todos.

A gestão de riscos, em um contexto em que a tecnologia evolui de forma dinâmica, é um eixo central desta obra. Através de ferramentas práticas, você passará a entender como adequar suas navalhas analíticas para reconhecer e mitigar riscos, destacando como a boa governança pode ser uma fortaleza contra imprevistos.

Ao longo do percurso, discutiremos a sustentabilidade da Governança de TI, dando ênfase à cultura organizacional que precisa caminhar lado a lado com as práticas de governança. Uma mentalidade inovadora e adaptável não é algo que se cria de um dia para outro, mas que se cultiva. Vamos falar sobre isso!

Por fim, ao encerrar a leitura, você será apresentado ao futuro da Governança de TI. Não se trata de uma conclusão, mas de um chamado à ação. Você não é apenas um leitor, mas um agente de transformação. Este livro é um convite para que você se imagine moldando o futuro de sua organização, desafiando as normatizações e contribuindo para a jornada contínua de integração entre TI e negócios.

Portanto, prepare-se para um mergulho profundo e emocionante. Vamos juntos transformar a maneira como vemos a Governança de TI e torná-la um pilar robusto para o sucesso corporativo. A sua jornada começa agora, e tenho a certeza de que você sairá dela não só com conhecimentos, mas com a coragem de implementar as mudanças necessárias.

Agradeço por embarcar nessa aventura. Que esta leitura seja tão impactante e transformadora quanto se destina a ser.

Atenciosamente,
Georges Montgomery

Capítulo 1: A Era da Transformação Digital

Nos dias atuais, o conceito de transformação digital não é apenas uma tendência moderna, mas sim uma revolução que está reconfigurando o modo como as empresas operam e se conectam com seus clientes. Imagine um mundo em que as interações humanas são mediadas por tecnologias digitais, onde cada clique, cada like e cada comentário moldam decisões empresariais. Esse é o novo cenário em que vivemos. A transformação digital é uma jornada inevitável e fascinante, uma progressão que vai além de simples upgrades tecnológicos — é uma mudança de paradigma que coloca a inovação no centro de tudo.

À medida que as empresas se tornam cada vez mais dependentes de soluções digitais, aquelas que não abraçam essa metamorfose correm o risco de ficar para trás. As tecnologias não estão apenas reformulando a cadeia de suprimentos ou a contabilidade; elas estão alterando o DNA das organizações. Ser digital não significa apenas conquistar um espaço no online, mas entender as necessidades do cliente em um nível profundo e responder a elas em tempo real. A inovação e a competitividade se entrelaçam, e a sobrevivência no mercado depende da agilidade com que se adota essa nova era.

Mas não se engane, a transformação digital traz consigo uma série de desafios que não podem ser ignorados. A escassez de talentos digitais emerge como um dos maiores obstáculos enfrentados pelas empresas. Encontrar profissionais qualificados que consigam pilotar essa transição não é somente uma tarefa — é uma batalha constante. Inseridos em um contexto onde a resistência cultural frequentemente se coloca como um entrave ao progresso, líderes enfrentam a dura realidade de que mudar a mentalidade da equipe é tão crítico quanto a adoção das novas tecnologias.

Diversos setores estão sendo balançados por essa onda digital. O varejo já testemunha mudanças drásticas na maneira como produtos são vendidos e consumidos. As indústrias da saúde e financeira não estão imunes a essa revolução, com práticas que são continuamente aprimoradas através da integração de tecnologias que tornam os serviços mais eficientes e acessíveis. À medida que empresas adaptam suas operações para a digitalização, a necessidade de uma governança de TI robusta e eficaz torna-se inegociável. Esta governança é o fio condutor que garante que as mudanças sejam implementadas de maneira alinhada às estratégias empresariais, minimizando riscos e maximizando oportunidades de crescimento.

Neste contexto, dados recentes e estatísticas não apenas validam essa transformação como também evidenciam o valor do investimento em tecnologia. Empresas que ousaram avançar em suas estratégias digitais tendem a colher frutos significativos e sustentáveis. Contudo, em contraste, aquelas que hesitam são encontradas perdidas em um labirinto de incertezas, onde a falta de decisão pode resultar em um custo exorbitante, tanto em termos financeiros quanto de reputação.

Histórias inspiradoras frequentemente emergem nesse panorama — como a de uma pequena empresa que, ao abraçar a transformação digital, passou de um modesto comércio a um líder de mercado, revolucionando não apenas sua atuação, mas também o setor onde opera. O que distingue essas histórias de sucesso não é apenas a inovação, mas a força da governança de TI que acompanhou o processo, tornando cada passo uma oportunidade de aprendizado.

Neste capítulo, refletirei sobre a importância de reconhecer a transformação digital não apenas como uma possibilidade, mas como uma prioridade estratégica. Convido você, leitor, a revisar sua posição atual em relação a essa verdadeira revolução. Você está pronto para encarar esses novos desafios e ansioso para colher os benefícios que a era digital pode proporcionar? A continuação desta jornada trará discussões profundas sobre os fundamentos da governança de TI, preparando você para ser não apenas um observador, mas um agente da mudança em sua organização.

Essa narrativa se apresenta como um convite à reflexão sobre os desafios e oportunidades que a transformação digital oferece, estabelecendo o tom para os temas que serão explorados nos próximos capítulos, sempre reforçando a importância da governança de TI como uma base sólida para o sucesso corporativo.

Desafios Enfrentados pelas Empresas na Era Digital

À medida que nos aprofundamos na jornada da transformação digital, é inegável que este caminho não é pavimentado apenas com oportunidades esplêndidas, mas também repleto de desafios complexos que exigem habilidade e coragem para serem superados. O primeiro desses desafios é a escassez de talentos digitais. À medida que a demanda por líderes e profissionais capacitados em tecnologia cresce, a oferta é estagnada, o que gera uma intensa competição por esses indivíduos valiosos. Encontrar uma equipe qualificada que não apenas compreenda a tecnologia, mas também se alinhe à cultura e a visão da organização, requer muito mais do que recrutamento — é uma verdadeira arte.

Ademais, essa transformação não ocorre em um vácuo organizacional. Cada mudança significativa esbarra em resistências culturais profundamente enraizadas. Afinal, mudanças podem trazer incertezas, e muitos colaboradores relutam em abandonar métodos e sistemas que, embora antiquados, oferecem uma sensação de conforto e familiaridade. Essa resistência à mudança é um dos maiores desafios enfrentados pelos líderes. Para que possamos navegar nesse mar de hesitação, é fundamental promover um ambiente de confiança e comunicação, onde todos os colaboradores são convidados a participar do processo. O líder que consegue inspirar sua equipe e cultivar um espírito colaborativo estará caminhando para o sucesso.

Setores inteiros, como o varejo e os serviços financeiros, estão sendo sacudidos. Nas prateleiras dos supermercados, a digitalização começou a mudar a forma como os produtos são exibidos; uma simples mudança nas prateleiras se tornou uma estratégia de data-driven decision making. No setor financeiro, o que antes eram longas filas, agora se transforma em um toque em um aplicativo que realiza tarefas de forma rápida e eficaz. Entretanto, mesmo com essas maravilhas do digital, empresas que não se adaptarem a essa nova realidade continuarão a mais amargas lembranças do passado, levantando uma questão pertinente: qual é o custo da inação? Essa é uma pergunta que exige reflexão de todos nós.

Para startups e empresas estabelecidas, a resposta à transformação digital é a implementação de uma governança de TI robusta. Essa governança é crucial para orquestrar a mudança, garantindo que as decisões sejam tomadas de maneira alinhada às estratégias empresariais, minimizando riscos e potencializando as oportunidades. A governança de TI não é uma simples função administrativa; ela se transforma em um verdadeiro norte a ser seguido, capacitando as empresas a enfrentarem os desafios do presente e do futuro.

Os dados, nesses contextos, servem não apenas como números em um gráfico, mas como narrativas vivas, contando histórias de sucesso e fracasso. Em uma pesquisa recente, constatou-se que empresas que investem proativamente em tecnologias digitais não apenas superam as expectativas de mercado como também veem um aumento substancial em sua satisfação do cliente. Por outro lado, as que hesitam, que ficam presas nas comodidades do tempo passado, muitas vezes se veem perdidas, incapazes de competir em um ambiente onde a velocidade e a inovação são chaves para o sucesso.

Histórias inspiradoras são frequentemente o combustível que revigora nosso espírito. Como a de uma pequena empresa familiar que, ao perceber a mudança no comportamento dos consumidores, decidiu adotar uma abordagem digital robusta. Com determinação, transformou-se em um verdadeiro colosso do comércio, superando concorrentes muito maiores e reescrevendo as regras do que significa ser competitivo em um mundo digital. Este fenômeno não é exclusivo. Muitas pequenas empresas e startups estão colocando o pé no acelerador, e os resultados têm sido impressionantes.

À medida que concluímos este segmento, é essencial que cada líder e colaborador reflita sobre sua própria posição dentro desse fenômeno. Ao fazer isso, a pergunta que deve ecoar é: você estará pronto para enfrentar esses novos desafios que a era digital oferece? E a resposta deve ser um retumbante "sim", acompanhada da determinação sincera de aprender e se adaptar. O próximo passo deste livro irá aprofundar-se nos fundamentos da governança de TI, apresentando-os como as ferramentas que não apenas permitirão aos líderes se aventurarem em águas desconhecidas, mas também se tornarem os timoneiros de suas organizações rumo a um futuro brilhante e digital.

A jornada da transformação digital é repleta de nuances e, ao embrenharmo-nos mais na sua essência, nos deparamos com dados impetuosos que muitas vezes traçam o caminho do sucesso ou do fracasso empresarial. Nesta nova era, pequenos números podem ter um impacto colossal. Estudo após estudo confirma que as empresas que adotam uma abordagem digital robusta não apenas prosperam, mas se tornaram exemplos palpáveis de resiliência em face das adversidades impostas pela obsolescência. Aqui, convido você a explorar esses dados, a se deixar cativar por histórias que revelam o poder da governança de TI como um pilar essencial para a verdadeira transformação.

Os números não mentem: empresas que investem em tecnologia digital veem um crescimento médio de 10% em suas receitas. Essa informação não é apenas uma estatística; é uma representação concreta das oportunidades que aguardam aqueles que se atrevem a inovar. Por outro lado, o estudo revela que mais de 70% das organizações que hesitam nessa jornada não apenas perdem oportunidade de mercado, mas enfrentam um impacto direto em sua reputação corporativa. A inação se torna uma armadilha, endereçando um custo que ultrapassa o financeiro — trata-se de desistir da relevância em um mundo onde a velocidade de adaptação é sinônimo de sobrevivência.

Ademais, as empresas que encararam a transformação digital de forma proativa tornaram-se faróis de inovação, como evidenciado por histórias de sucesso que emergem das sombras da inadequação. Uma dessas histórias é a inspiradora trajetória de uma pequena agência de marketing que, ao aperfeiçoar sua presença digital, cresceu exponencialmente, conquistando um espaço de destaque em um setor saturado. Ao adotar uma governança de TI eficaz, essa empresa conseguiu orquestrar sua transformação, minimizando riscos enquanto se conectava profundamente com as necessidades de seus clientes.

À medida que vamos adentrando neste universo, tornamos claro que a digitalização não se trata apenas de adotar novas tecnologias — é um convite à transformação cultural, onde a governança de TI se estabelece como a âncora que traz estabilidade em meio ao turbilhão. E a dinâmica entre a liderança e a equipe possui um papel crucial nesse processo. Uma liderança forte e visionária é a chave para inspirar a equipe em meio à resistência e à incerteza, criando um ambiente onde a mudança é não apenas bem-vinda, mas também desejada.

Um ponto crucial que gostaria de abordar são as armadilhas que muitas vezes surgem durante este processo. Um estudo concluiu que 84% das organizações falham em suas iniciativas de transformação digital por falta de alinhamento entre a estratégia de negócios e a governança de TI. Essa desconexão pode gerar um descompasso que resulta em frustrações para todos os envolvidos. É fundamental que as empresas abordem essa disparidade de forma inequivocamente meticulosa, garantindo que cada passo em direção à digitalização seja partilhado por uma visão clara e estratégia sólida.

Na continuação dessa narrativa, vamos prestar atenção aos princípios fundamentais que devem guiar a governança de TI. Prepare-se, pois estamos prestes a embarcar em uma jornada em que cada dado apresenta uma face; cada história de sucesso e de fracasso é um convite à reflexão sobre o papel que a governança desempenha em modelar o futuro de nossas organizações. À medida que navegamos por esses elementos, lembre-se: a transformação não é um destino, mas uma jornada que exige vontade, adaptabilidade e compromisso genuíno.

É hora de refletir: como você está posicionado neste vasto cenário da transformação digital? Você está com um pé no passado ou se preparando para abraçar o futuro vibrante que aguarda todos aqueles que se dispõem a integrar a tecnologia como parte fundamental de sua estratégia empresarial? A resposta a esta pergunta será crucial não apenas para seu crescimento pessoal, mas determinará a trajetória de sua organização em um ecoante cenário digital.

Dando continuidade ao Capítulo 1, vamos adentrar nos desafios enfrentados pelas empresas na era da transformação digital. A jornada rumo à modernização é, sem dúvida, repleta de curvas, desvios e, muitas vezes, altitudes inesperadas.

O primeiro obstáculo que se destaca é a escassez de talentos digitais, um fenômeno que não apenas afeta grandes corporações, mas reverbera em todas as dimensões do mercado. A luta para encontrar e reter profissionais qualificados torna-se uma batalha diária. Enquanto algumas organizações prosperam ao cultivar uma cultura de aprendizado contínuo, outras se veem estagnadas, incapazes de acompanhar a velocidade com que a tecnologia avança. E, então, a pergunta persiste no ar: como uma empresa pode ser competitiva quando sua equipe não está equipada com as habilidades necessárias?

Além disso, não podemos ignorar a resistência cultural que permeia muitas organizações. Mudar o mindset de uma equipe que está acostumada a operar dentro de um paradigma tradicional exige não apenas estratégia, mas, principalmente, habilidade interpessoal. Cada colaborador tem suas próprias crenças, sua própria forma de ver o mundo. Muitos são incentivados a trocar suas zonas de conforto por um caminho repleto de incertezas, o que pode criar um clima de ansiedade que, por sua vez, impede o progresso. Portanto, é papel dos líderes inspirar, motivar e, acima de tudo, cultivar um ambiente onde a transformação é não apenas aceita, mas fervorosamente abraçada.

Desse modo, setor por setor, observamos os impactos da digitalização. O varejo, por exemplo, não tem sido apenas afetado; ele foi reinventado. Imagine-se adentrando uma loja onde cartazes interativos já fazem parte da experiência, trazendo produtos a você sem que seja necessário atravessar infinitos corredores. Isso não é apenas inovação; é a forma como o consumidor atual deseja interagir. E, enquanto isso, instituições financeiras criam aplicativos tão envolventes que você se vê realizando transações com facilidade, onde quer que esteja.

Entretanto, essa revolução digital não vem sem um preço. A governança de TI se torna, então, o alicerce que sustenta cada mudança. Ela não deve ser encarada como uma mera obrigação burocrática, mas como uma poderosa aliada na jornada. Garantir que toda implementação tecnológica esteja alinhada às estratégias de negócios é o que permitirá não apenas a sobrevivência, mas também a prosperidade no tumultuado mar digital.

Se nos debruçarmos sobre estatísticas, a mensagem é clara: empresas que investem em melhorias digitais colhem frutos expressivos em termos de receitas e satisfação do cliente. Com a tomada de decisões orientada por dados, cada passo dado na direção da transformação é embasado por um entendimento profundo do comportamento do consumidor. Por outro lado, aquelas que hesitam encontram-se atrapalhadas nas consequências, muitas vezes enfrentando um espiral descendente em seu desempenho.

Histórias inspiradoras emergem nesse contexto, a de uma pequena empresa é um exemplo que não tem como passar despercebido. Ela viu uma oportunidade onde muitos enxergaram um abismo. Ao se adaptar rapidamente às demandas digitais do mercado, essa pequena operação se transformou em um gigante, provando que, com a estratégia certa e uma liderança firme, qualquer desafio pode ser contornado.

À medida que nos aproximamos da conclusão deste segmento, é essencial que você, leitor, reflita sobre sua própria realidade empresarial. A transformação digital não deve ser encarada como um fardo, mas sim como uma oportunidade imensurável. Você está preparado para não apenas enfrentar, mas buscar ativamente essas mudanças? Este capítulo servir como um convite persuasivo à ação.

Nos próximos passos, iremos desembaraçar os fundamentos da governança de TI, revelando as chaves que abrirão portas para um futuro repleto de realizações na era digital. O caminho à frente está repleto de aprendizado; esteja pronto para percorrê-lo com confiança e coragem.

Capítulo 2: Fundamentos da Governança de TI

Neste primeiro segmento, vamos desmistificar o conceito de governança de TI e explorar sua definição básica. A governança de TI pode ser entendida como a estrutura que define os papéis, as responsabilidades e os processos que garantem que a tecnologia da informação seja utilizada de forma eficaz em uma organização. Ela se torna a ponte que liga a estratégia de negócios e os ativos tecnológicos, assegurando que ambas as forças estejam alinhadas em busca dos mesmos objetivos.

Um dos principais objetos de estudo na governança de TI é a gestão de riscos. Em um mundo cada vez mais imprevisível, as empresas enfrentam riscos potenciais que podem impactar sua performance e reputação. A análise desses riscos vai além da proteção de dados; envolve a identificação de vulnerabilidades operacionais e a antecipação de crises que, se não geridas adequadamente, podem levar a danos irreparáveis.

Outro elemento essencial é a conformidade, que garante que as práticas da organização estejam em conformidade com as regulamentações e as normas do setor. Essa conformidade não é apenas uma questão legal, mas também um fator que reforça a integridade e a credibilidade da empresa perante seus stakeholders. Quando a governança de TI é bem estruturada, cria-se um sistema que promove uma cultura organizacional sólida e ética, onde as práticas são transparentes e os resultados são mensuráveis.

A criação de valor é, sem dúvida, o cerne da governança de TI. O valor não se limita ao retorno financeiro; ele abrange a eficiência operacional, a satisfação do cliente e a capacidade de inovação. Empresas com uma governança de TI bem definida são capazes de maximizar o valor gerado por seus recursos tecnológicos, transformando investimentos em resultados tangíveis e significativos. Assim, ao compreender que a governança de TI não é apenas uma obrigação, mas uma oportunidade, os líderes podem posicionar suas organizações para um futuro de sucesso e sustentabilidade.

Por este motivo, a importância de reconhecer a governança de TI como uma necessidade fundamental nas organizações contemporâneas não pode ser subestimada. À medida que penetramos no tema, é importante destacar que a governança não deve ser vista apenas como um conjunto de regras e regulamentos, mas como um caminho para fomentar a colaboração interdepartamental e a inovação.

Essa visão unificada e estratégica instiga um novo pensamento nas empresas. Ao promover um alinhamento claro entre TI e suas operações comerciais, as organizações tornam-se mais ágeis e capazes de reagir rapidamente às cambiantes demandas do mercado. Assim, a jornada da governança de TI se revela não como uma tarefa, mas como uma experiência transformadora, onde cada passo reflete um compromisso com o futuro e um desejo genuíno de prosperar.

Neste contexto, concluo que a governança de TI é uma responsabilidade compartilhada. Não pertence apenas ao departamento de TI, mas envolve a participação ativa de todos os níveis da organização. Cada colaborador tem um papel a desempenhar nesse campo, contribuindo para um ecossistema de aprendizado contínuo e adaptação, onde a tecnologia não é apenas um recurso, mas sim uma alavanca poderosa para a transformação.

Nos próximos blocos, continuaremos a explorar os frameworks que estruturam a governança de TI, mostrando como eles podem ser aplicados de maneira prática para lidar com os desafios diversos que as organizações enfrentam na atualidade. Prepare-se para se aprofundar neste universo fascinante e descobrir como a governança de TI pode ser o diferencial que sua empresa precisa para se destacar e triunfar em meio à competição intensa e à rápida evolução tecnológica.

Os frameworks de governança de TI são peças fundamentais na construção de uma estrutura sólida que conduz as organizações rumo ao sucesso na era digital. Vamos explorar duas dessas estruturas amplamente reconhecidas: o COBIT (Control Objectives for Information and Related Technology) e o ITIL (Information Technology Infrastructure Library). Ambas se destacam por suas abordagens distintas, mas complementares, que facilitam a gestão eficaz da tecnologia da informação.

O COBIT é um framework abrangente que visa fornecer a governança e a gestão de TI por meio de um conjunto claro de objetivos e boas práticas. Criado inicialmente pela ISACA, ele permite que as empresas maximizem o valor dos seus ativos tecnológicos enquanto gerenciam riscos e garantem conformidade. A grande força do COBIT está em sua versatilidade; isso o torna aplicável a empresas de qualquer porte ou setor. Ele se articula em governança e gestão, abordando as necessidades tanto dos gestores quanto dos conselhos diretores, promovendo um alinhamento entre objetivos de negócios e estratégias tecnológicas.

Por outro lado, o ITIL tem uma vertente mais pragmática e operativa. Focado na entrega de serviços de TI, ele oferece um conjunto de práticas destinadas a gerenciar de maneira adequada e eficiente os serviços de tecnologia oferecidos aos usuários finais. Com sua abordagem em serviços, permite que as organizações entendam não apenas o que precisam fazer, mas como fazer com foco na melhoria contínua. Isso implica um ciclo de vida do serviço que abrange desde o desenvolvimento até a operação e a melhoria, promovendo um entendimento mais amplo da importância de uma boa gestão de TI.

A escolha entre COBIT e ITIL muitas vezes surge em discussões de gestores dentro de organizações. Enquanto o COBIT pode ser inestimável para lideranças preocupadas com os aspectos de governança e gerenciamento de riscos, o ITIL pode ser a escolha ideal para aqueles que estão buscando otimizar a entrega de serviços. O uso combinado desses frameworks pode maximizar a eficiência da governança de TI. Ao integrar princípios do COBIT com as práticas operacionais do ITIL, as empresas criam um ecossistema robusto e coeso que garante que suas iniciativas de TI estejam não apenas alinhadas com suas estratégias de negócios, mas também capacitadas para alcançar a excelência operacional.

Exemplos de empresas que implementaram com sucesso esses frameworks revelam não apenas práticas recomendadas, mas também resultados tangíveis em eficiência e satisfação do cliente. A integração entre governança sólida e gestão de serviços, portanto, não é apenas um ideal teórico, mas uma medida prática que pode redefinir o potencial das organizações na era digital. A adoção e a adaptação a essas estruturas não são um simples visto de passagem, mas uma travessia contínua rumo ao dinamismo e à competitividade desejada.

Num momento em que a transformação digital é uma exigência, em vez de uma escolha, a governança de TI que abraça frameworks eficientes pode transformar a maneira como uma organização percebe e utiliza a tecnologia. Portanto, ao embarcar nessa jornada, líderes e gestores devem ser diligentes em escolher as práticas que melhor se alinham às suas metas, sempre com foco na criação de valor contínuo para seus negócios. Navegar por este mar de informações se torna um diferencial estratégico, e a combinação do COBIT e do ITIL surge como uma bússola calorosa nesse caminho repleto de desafios e promessas.

Os benefícios tangíveis da governança de TI são mais do que apenas números em relatórios — eles são a fundamentação que permite que as organizações não apenas sobrevivam, mas também prosperem em um mundo em constante mudança. Neste segmento, vamos explorar alguns impactos positivos que uma governança de TI bem implementada pode proporcionar, através de exemplos e estudos de caso que evidenciam a importância de boas práticas nesse campo.

Um estudo elaborado por organizações de pesquisa respeitáveis revelou que empresas que estabelecem métodos robustos de governança de TI alcançam uma eficiência operacional notável. Essas empresas conseguem reduzir custos administrativos em até 30%, permitindo não apenas uma maior margem de lucro, mas também reinvestindo recursos em inovação e desenvolvimento de novos produtos. Imagine uma companhia que, após implementar uma governança eficaz, não só otimiza sua cadeia de suprimentos, mas também consegue alavancar sua produção, aumentando a satisfação do cliente.

Por outro lado, a redução de riscos é uma das vertentes mais tratadas em discussões sobre governança de TI. Organizações que não possuem um controle rígido correm o risco não apenas de perdas financeiras, mas também de comprometimento da sua imagem diante do público. Um caso emblemático é o de uma instituição financeira, que, após um vazamento de dados sensíveis, enfrentou uma crise reputacional devastadora. Em contraste, empresas que priorizam a segurança da informação e seguem normas de conformidade têm maior chance de evitar catástrofes. É neste contexto que podemos observar que a governança de TI se transforma em um escudo protetor para a organização.

Outro ponto fulcral a ser abordado é a relação entre a governança de TI e a inovação. Em um mundo onde a tecnologia avança rapidamente, e as expectativas dos consumidores mudam na mesma velocidade, ser competitivo exige que as empresas se adaptem rapidamente. Empresas que implementam governança de TI tendem a inovar com mais eficiência, uma vez que a estrutura existente permite que as decisões sejam tomadas com agilidade e competência. Um exemplo prático pode ser encontrado em uma startup que, utilizando dados analíticos para informar suas estratégias, conseguiu desenvolver uma nova linha de produtos que se tornou um sucesso no mercado. Essa experiência não seria possível sem uma governança que fizesse a ponte entre a análise de dados e a execução estratégica.

Para nos aprofundarmos ainda mais, temos também que considerar a experiência de empresas familiares que, ao formalizarem sua governança de TI, garantiram uma transição tranquila entre as gerações. Muitas dessas instituições enfrentam o temor que cerca a sucessão, mas, com uma estrutura bem definida, elas não somente mantêm sua identidade, mas também se certificam de que as práticas de governança são transmitidas para a nova liderança. Esta continuidade é crucial, pois evita rupturas que poderiam levar à desunião familiar e, consequentemente, à dissolução do negócio.

Essas narrativas não apenas nos mostram o impacto positivo da governança de TI, mas também ressaltam como a sua implementação cuidadosa pode transformar uma organização de formas que vão muito além do que imaginamos. Estimulando a colaboração, promovendo a eficiência operacional e garantindo a conformidade, a governança de TI se posiciona como um dos pilares fundamentais para o sucesso empresarial na era digital.

À medida que avançamos neste capítulo, é importante manter em mente que a jornada da governança de TI é contínua. O futuro reserva incertezas e oportunidades, e, ao focarmos em uma governança sólida, teremos as ferramentas necessárias para navegar nestas águas intrigantes. Não se trata apenas de processar dados ou seguir regras; trata-se de cultivar uma mentalidade de evolução constante, onde a inovação não é apenas uma meta, mas uma prática diária em todas as esferas da organização.

Na próxima seção, nos aprofundaremos em como integrar a governança de TI às estratégias empresariais de modo a criar um alinhamento eficaz que não apenas potencialize a governança, mas também agregue valor a cada aspecto da operação. Vamos desvendar juntos o segredo de transformar os desafios em vantagens competitivas que solidificam a posição de uma empresa no mercado.

Integrar a governança de TI com as estratégias empresariais é um dos maiores desafios que líderes enfrentam na atualidade. Essa integração não se trata apenas de alinhamento técnico, mas envolve também uma confluência de vontades, interesses e visões. Nesse sentido, fatores como comunicação efetiva e colaboração interdepartamental emergem como pilares essenciais para garantir que a tecnologia seja um aliado na realização dos objetivos organizacionais.

Primeiramente, é vital que a comunicação entre departamentos seja própria e fluida. Quando as áreas de TI e negócio se falam abertamente, torna-se mais fácil identificar as necessidades específicas de cada setor, transformar essas necessidades em soluções tecnológicas eficazes e, por fim, criar um ambiente de trabalho colaborativo. As iniciativas digitais não devem ser vistas como imposições, mas como oportunidades mútuas de crescimento. Essa percepção pode ser cultivada através de reuniões regulares, workshops e treinamentos que não apenas informem, mas instiguem o interesse comum.

Um caso exemplar pode ser trazido à tona a partir da experiência de uma organização que passou por um significativo processo de transformação digital. Essa empresa, ao adotar uma abordagem integrada entre suas equipes de TI e marketing, conseguiu não apenas aumentar a eficiência de suas campanhas, mas também teve um salto incrível na interação com seus clientes. A chave para o sucesso foi a criação de uma equipe multidisciplinar, que facilitou a troca de insights e práticas recomendadas. Em consequência, as partes envolvidas sentiram-se mais valorizadas e engajadas, resultando em um ambiente de inovação vibrante.

Além disso, deve-se entender que a governança de TI tem um papel crucial na priorização de investimentos. Um alinhamento claro entre as metas organizacionais e as iniciativas de TI possibilita uma análise mais precisa sobre onde e como o capital deve ser aplicado. Isso é um passo crucial para garantir que cada recurso investido gere retorno em valor e não apenas em tecnologia ou rotina operacional.

Ademais, quando as partes interessadas conseguem perceber que a tecnologia não é uma restrição, mas um facilitador da experiência do cliente, começam a visualizar um máximo potencial para suas operações. Um exemplo notável é o de uma rede varejista que, ao implantar sistemas integrados de gestão, conseguiu otimizar seu controle de estoque e, com isso, melhorar significativamente a disponibilidade de produtos e a experiência de compra do cliente. Essa relação direta entre governança de TI e a experiência do cliente está se tornando uma norma que as empresas não podem ignorar em sua busca incessante por competitividade.

A governança de TI não deve ser vista como uma rede de segurança, mas como uma plataforma de inovação. Quando uma empresa transforma essa visão em prática, começa a trilhar um caminho onde todos os elos da organização se sentem parte de um mesmo projeto, um mesmo propósito. O comprometimento e a responsabilidade são ampliados, e, em virtude disso, as equipes tornam-se mais proativas. Elas não falham em encontrar soluções criativas, mas procuram o que pode ser melhorado, ajustado ou até mesmo reinventado para que a meta maior — o sucesso da empresa — seja constantemente almejada e atingida.

Por fim, à medida que contemplamos a arquitetura da governança de TI e sua integração com as estratégias empresariais, é fundamental cultivar uma mentalidade de inovação contínua. Isso se torna possível ao reconhecer que a governança é uma responsabilidade compartilhada, envolvendo não apenas a liderança de TI, mas todos os setores da organização. Essa consciência disseminada é o que permitirá uma transformação genuína e sustentável, onde cada colaborador terá um papel ativo na construção de um futuro próspero e alinhado ao rápido movimento do mundo digital.

Esse parece ser o caminho: integrar, inovar e, acima de tudo, colaborar — três componentes que, juntos, criarão o panorama de sucesso que as empresas do futuro exigem. Na próxima seção, vamos explorar as melhores práticas para a implementação dessa governança integrada, facilitando a transição para um modelo que favorece tanto a eficácia operacional quanto a inovação contínua. Prepare-se para se aprofundar em estratégias que definirão o futuro da governança de TI em seu contexto empresarial.

Capítulo 3: Desmistificando a Resistência à Mudança

Mudar é um desafio inerente à natureza humana. Assim como as árvores passam pelas estações, também experimentamos períodos de adaptação que podem ser conturbados pelas incertezas que vêm junto com mudanças importantes. Ao abordar o conceito de resistência à mudança, é fundamental entender que este fenômeno é mais uma resposta emocional do que uma recusa lógica. Medos e inseguranças muitas vezes emergem nesse processo, criando um ambiente propenso à resistência, especialmente em organizações que buscam implementar transformações digitais.

Tais sentimentos podem estancar o progresso, criando uma barreira invisível que impede que novas ideias floresçam. Um estudo aponta que, em empresas onde a mudança é implementada sem o devido cuidado para superar as ansiedades dos colaboradores, a taxa de adoção pode cair para menos de 30%. Este dado alarmante é um claro indicativo de que liderar uma transformação não é apenas uma questão de logística e tecnologia, mas também uma questão de compreender a psicologia por trás da mudança.

As raízes dessa resistência geralmente se encontram nas experiências passadas e na cultura organizacional. Por exemplo, pessoas que já passaram por processos de mudança mal conduzidos podem desenvolver um ceticismo em relação a novas iniciativas. Neste contexto, uma comunicação eficaz se torna crucial. Ela deve ser capaz de apresentar não só os benefícios da mudança, mas também abordar as preocupações que possam surgir. Mostrar empatia e validação às hesitações pode ser o primeiro passo para garantir que o processo de mudança seja visto como uma oportunidade e não como uma ameaça.

Um exemplo emblemático pode ser retirado da experiência de uma instituição financeira que, ao decidir adotar um novo sistema de gestão, encontrou um forte movimento de resistência entre sua equipe. Ao invés de simplesmente impor a nova tecnologia, os líderes da organização decidiram realizar uma série de reuniões, permitindo que os colaboradores expressassem suas preocupações e sugestões. Este espaço aberto para diálogo levou a um envolvimento mais profundo, e o sentimento de pertencimento que começou a emergir se transformou em suporte coletivo. Desta forma, o que inicialmente era visto como uma mudança forçada se tornou um projeto colaborativo, resultando em uma implementação bem-sucedida e um ambiente de trabalho extremamente motivador.

À medida que nos aprofundamos nesse tema, é essencial refletir sobre como as narrativas de mudança podem influenciar nossos comportamentos individuais e coletivos. Cultivar uma mentalidade de aceitação e adaptação à mudança é fundamental. Isso envolve encorajar a todos na organização a verem a mudança como uma plataforma para aprendizado e crescimento, e não como um obstáculo.

Na próxima seção, exploraremos histórias de sucessos e fracassos como um meio de ilustrar ainda mais a importância de compreender e abordar a resistência à mudança. Vamos desvendar como algumas organizações conseguiram superar esses obstáculos e quais lições podem ser extraídas de suas experiências. É vital que, ao lidarmos com a resistência, entendamos que cada história traz consigo um aprendizado único e valioso.

Histórias de organizações que enfrentaram resistência ao implementar mudanças são tão diversas quanto as culturas de cada uma delas. Uma das narrativas mais poderosas é a de uma empresa de tecnologia que decidiu adotar a metodologia ágil para otimizar seus processos. A resistência surgiu logo na introdução dessa nova abordagem; muitos colaboradores estavam habituados a processos tradicionais e relutavam em modificar seus hábitos diários. Encontros semanais foram organizados, onde não apenas detalhes da nova metodologia eram discutidos, mas também depoimentos de colegas que já haviam experimentado suas vantagens em outras empresas. Essas reuniões se tornaram um espaço para troca, em que medos e preocupações foram tratados abertamente. Gradualmente, o que antes parecia um obstáculo se revelou uma oportunidade de crescimento coletivo, à medida que as equipes começaram a ver melhorias concretas em produtividade e colaboração.

Contrastando com essa história de sucesso, temos a experiência de uma grande instituição financeira que, ao optar por um sistema novo de gestão, não envolveu seus colaboradores no processo. A decisão foi imposta de cima para baixo, sem a criação de um canal de diálogo e sem apontar os benefícios da mudança. O resultado foram inúmeras queixas e uma taxa de adesão extremamente baixa. O trabalho realizado com o novo sistema foi desfeito em menos de um ano, e a organização teve de voltar aos processos anteriores, levando a uma perda de confiança entre os empregados e prazos não cumpridos na entrega de projetos.

Essas narrativas nos ensinam que o sucesso ou o fracasso de uma mudança na governança de TI pode estar intimamente ligado à forma como a resistência é gerida. O exemplo bem-sucedido destaca a importância de construir um case de mudança que seja baseado na inclusão e na participação de todos os envolvidos. Criar um senso de pertencimento e empoderamento é fundamental; graças a essa estratégia, a equipe não apenas se sentiu mais motivada, mas também ficou mais engajada em alcançar os objetivos traçados.

Além disso, a análise de casos onde a resistência levou a fracassos revela lições essenciais sobre o valor da comunicação e do envolvimento de todos. Colaboradores devem ser considerados coautores da mudança. Isso não apenas facilita a aceitação, mas também promove um entendimento do valor da transformação em um nível pessoal e emocional.

Portanto, ao testemunharmos essas histórias, compreendemos que gerenciar a resistência à mudança é mais do que minimizar objeções. Trata-se de cultivar um ambiente de respeito e confiança, onde todos se sintam encorajados a expressar suas preocupações e a contribuir com soluções. São essas abordagens que podem transformar a resistência de um cliente interno em uma poderosa alavanca para a inovação e a melhoria contínua.

Ao olharmos para o futuro, é claro que as experiências compartilhadas moldarão não apenas a cultura organizacional, mas também o sucesso das iniciativas de governança de TI. Na próxima seção, exploraremos técnicas práticas para lidar com objeções e construir um caminho mais sólido em direção à implementação de mudanças significativas e efetivas.

Técnicas Práticas para Lidar com Objeções

No cenário organizacional em transformação, lidar com a resistência à mudança é uma arte que demanda habilidade, empatia e planejamento estratégico. Para mitigar essa resistência, é essencial implementar técnicas que não apenas abordem as preocupações, mas também engajem os colaboradores, criando um ambiente propício para a aceitação das novas propostas.

Primeiramente, a comunicação clara e eficaz se destaca como uma ferramenta poderosa. É fundamental que a liderança apresente os benefícios da mudança de forma convincente. Essa comunicação deve ser não apenas informativa, mas também envolvente. Reuniões, workshops e vídeos explicativos podem ajudar a transmitir a mensagem, mas é crucial que haja espaço para que os colaboradores expressem suas dúvidas e receios. Exemplos de sucesso, como a implementação de uma nova tecnologia que resultou em aumento de produtividade e eficiência, podem servir para ilustrar o impacto positivo das mudanças.

Além disso, envolver os colaboradores no processo de transformação é um passo significativo para criar um senso de pertencimento. Quando as pessoas sentem que têm voz na implementação, elas se tornam parte da solução, em vez de percepcioná-la apenas como uma imposição. Um exemplo prático poderia ser a formação de comitês ou grupos de trabalho que representem diversas áreas da organização, promovendo assim uma discussão aberta sobre as mudanças e coletando feedbacks no caminho.

Para complementar essas abordagens, a estruturação de treinamentos e workshops se mostra fundamental para preparar a equipe para as novas metas e desafios. Essas sessões não apenas esclarecem as novas competências requeridas, mas também oferecem a oportunidade de desenvolver habilidades que podem ser valiosas em seus futuros projetos. Empresas que investem em capacitação tendem a ver um aumento na confiança dos colaboradores, pois eles sentem que estão mais preparados para lidar com as mudanças.

Um case interessante é o de uma empresa do ramo varejista que, para implementar uma nova plataforma de gestão de vendas, optou por oferecer treinamentos intensivos e sessões práticas antes da transição. Ao final do processo, não apenas os colaboradores estavam mais capacitados, mas o projeto foi recebido com entusiasmo, resultando em uma adoção quase total da nova tecnologia em poucas semanas. O investimento em formação criou uma cultura de aprendizado contínuo e avanços colaborativos.

Outra técnica eficaz é a implementação de recompensas e incentivos para os colaboradores que abraçarem a mudança. Isso pode ir além de bônus financeiros; pode também incluir reconhecimento em reuniões de equipe, prêmios específicos ou oportunidades de desenvolvimento de carreira. Ao valorizar aqueles que se adaptam rapidamente, a organização não apenas motiva os outros a se juntarem à mudança, mas também constrói um clima de competição saudável que fomenta o envolvimento coletivo.

Por fim, estabelecer um canal permanente de feedback é vital para construir um ciclo de aprendizado e adaptação. Esse canal deve ser bidirecional, permitindo que os colaboradores relatem suas experiências, dúvidas e observações sobre o processo de mudança. Isso não apenas cria um ambiente de transparência, mas também demonstra que a liderança está comprometida em ouvir e agir conforme as necessidades da equipe. Um exemplo bem-sucedido desse modelo foi observada em uma empresa de soluções tecnológicas que, após cada fase de mudança implementada, realizava reuniões de feedback para ajustar os métodos e processos, garantindo que a equipe estivesse totalmente alinhada e comprometida.

Essas técnicas não apenas ajudam a mitigar a resistência, mas também transformam a filosofia de mudança em uma cultura organizacional canteira. Ao aplicar essas abordagens práticas, os líderes podem guiar suas organizações através de transformações complexas de maneira mais harmoniosa e inclusive. Agora que discutimos como lidar com objeções, vamos explorar como obter a adesão dos stakeholders de forma eficaz, fundamental para garantirmos o sucesso em implementações futuras.

Obtendo a Adesão dos Stakeholders

A adesão dos stakeholders é um dos pilares fundamentais para garantir o sucesso na implementação de qualquer mudança organizacional. À medida que as empresas navegam em meio a transformações digitais e novas estratégias, a capacidade de persuadir e engajar as partes interessadas se torna um fator decisivo. A primeira estratégia para alcançar essa adesão é estabelecer uma comunicação aberta e sincera. Reuniões periódicas onde todos possam se manifestar, compartilhar preocupações e discutir expectativas são essenciais. Criar um espaço seguro para diálogos não apenas desconstrói barreiras, mas também establece um vínculo de confiança.

Um exemplo poderoso dessa prática pode ser encontrado em uma renomada instituição educacional que decidiu rever seus métodos de ensino. Em vez de simplesmente impor mudanças de cima para baixo, os líderes promoveram fóruns de discussão onde alunos, professores e pais puderam compartilhar suas visões. Como resultado, não apenas conseguiram a aceitação das novas práticas, mas desenvolveram um modelo colaborativo que melhorou o desempenho geral da instituição. Essa experiência mostrou que o envolvimento genuíno dos stakeholders gera um sentimento de propriedade sobre as mudanças, promovendo uma aceitação mais robusta.

Outro aspecto importante é o feedback contínuo e a criação de um canal onde as partes interessadas possam expressar suas opiniões sobre o processo de mudança. A implementação de pesquisas ou grupos de discussão regulares pode ajudar a reunir informações valiosas sobre como a mudança está sendo percebida aos diversos níveis da organização. Um estudo de caso em uma empresa de tecnologia demonstrou que, ao coletar feedbacks regularmente sobre a nova abordagem colaborativa nas linhas de produção, foram capazes de realizar ajustes que aumentaram significativamente a eficiência do transporte no chão de fábrica. O feedback ofereceu um sentido de pertencimento e valor aos colaboradores, solidificando sua adesão à nova cultura.

Recompensar aqueles que abraçam a mudança também é uma estratégia eficaz. Considerando a importância da motivação, líderes devem buscar recompensas que reconheçam e valorizem peculiares comportamentos proativos. Isso pode se manifestar através de reconhecimento em reuniões de equipe, convites para conferências ou desenvolvimento de carrosséis em suas carreiras. Um relato de uma pequena empresa mostra que, ao reconhecer publicamente os funcionários engajados, eles não apenas mantiveram a equipe motivada, mas também impulsionaram o moral de todos à medida que se tornaram mais inclusivos.

Refletindo sobre a importância de uma cultura organizacional que valorize a transformação como elemento contínuo de crescimento, é evidente que essa abordagem deve ser enraizada em quaisquer estratégias de mudança. Tais mudanças devem ser vistas não apenas como um projeto a ser concluído, mas como um processo vivo que evolui com os desafios e conquistas. Uma organização que enxerga a mudança como uma oportunidade de crescimento terá a força necessária para enfrentar as adversidades do mercado.

Por fim, ao olharmos para adotar essas práticas, é vital que cada membro da organização compreenda seu papel na construção de um ambiente que não apenas aceite, mas acolha a mudança. Essa consciência coletiva pode gerar um clima organizacional onde a transformação não é temida, mas celebrada, contribuindo para o avanço contínuo da empresa em um mundo em constante evolução.

Essas práticas se traduzem em um passo significativo para a construção de um futuro onde a transformação organizacional se torna uma via natural, imprescindível para o crescimento e sustentabilidade das empresas. Na próxima etapa, exploraremos como criar uma cultura organizacional que não apenas valorize essas práticas, mas também as nutra, garantindo um fluxo contínuo de inovação e adaptação às inevitáveis mudanças do cenário corporativo.

Capítulo 4: Integração de TI e Negócios

A sinergia entre a Tecnologia da Informação (TI) e os demais setores da organização não é apenas uma opção; ela é uma necessidade essencial para o sucesso corporativo nos dias de hoje. A integração eficaz de TI com as operações de negócios pode transformar a estrutura organizacional, promovendo agilidade e inovação. Muitas vezes, no entanto, ainda prevalece a percepção de que TI opera como um departamento isolado, desconectado das realidades e necessidades dos outros setores. Essa visão limitada não apenas estanca o potencial criativo da empresa, mas também compromete seu desempenho em um mercado cada vez mais competitivo.

Quando as organizações não promovem a colaboração entre TI e outras áreas, as consequências podem ser devastadoras. Por exemplo, uma empresa do setor de manufatura ignorou a necessidade de alinhar suas estratégias de produção com os sistemas de gestão de TI. O resultado foi um descompasso que levou a atrasos significativos na entrega dos produtos, impactando negativamente a satisfação do cliente e levando à perda de participação no mercado. Isso ilustra de forma clara que a falta de alinhamento pode resultar em prejuízos financeiros e de reputação.

Em contrapartida, há empresas que se destacaram por sua habilidade em integrar a TI nas suas estratégias gerais. Um exemplo notável é uma startup de tecnologia que, desde seu início, adotou uma abordagem colaborativa, envolvendo suas equipes de TI em todas as decisões críticas de negócios. Isso não só garantiu que as inovações tecnológicas estivessem alinhadas às necessidades do mercado como também possibilitou uma resposta rápida e eficaz às mudanças nas demandas dos clientes. Essa experiência resultou em um crescimento exponencial em um curto período, provando que o verdadeiro poder da TI se revela quando ela é vista como um braço estratégico do negócio.

Este capítulo explora a importância da integração entre TI e negócios, trazendo à luz modelos de colaboração eficazes. Falaremos sobre dinâmicas que promovem uma interação mais fluida entre os departamentos, abordando como a formação de times multidisciplinares pode impulsionar a inovação e fortalecer a resiliência organizacional. Lideranças têm um papel crucial nesse processo, pois são responsáveis por cultivar uma cultura de colaboração e interdependência.

Conclui-se que a integração entre TI e negócios não é apenas uma questão de tecnologia, mas uma questão de mentalidade. As organizações que conseguirem destruir os silos entre departamentos e construir uma abordagem colaborativa estarão melhor posicionadas para enfrentar os desafios vindouros e colher os frutos de um mercado dinâmico e em constante transformação. Portanto, convidamos os leitores a refletirem: como sua organização pode integrar mais efetivamente a TI nas suas operações diárias?

Ao longo deste capítulo, buscaremos responder a essas e outras questões, elucidando como uma integração eficaz não só é desejável, mas o formato para o sucesso em um cenário corporativo que exige inovação rápida e alinhamento estratégico.

Modelos de integração entre TI e negócios emergem como um divisor de águas em um mundo corporativo que cada vez mais valoriza a agilidade e a inovação. A colaboração efetiva entre essas áreas não é apenas uma estratégia desejável, mas um elemento vital para assegurar o sucesso organizacional. Dentro desse cenário, a formação de times multidisciplinares se mostra um dos caminhos mais eficazes. Esses times reúnem profissionais de diferentes áreas do conhecimento, permitindo que diversas perspectivas sejam consideradas durante o desenvolvimento de projetos e soluções.

A dinâmica dessa interação é enriquecedora. Imagine uma reunião onde especialistas da área de TI se juntam a líderes de marketing, vendas e operação. Através de brainstorming conjunto, surgem ideias inovadoras que talvez nunca fossem consideradas em um espaço isolado. Um exemplo prático pode ser observado em uma empresa de e-commerce que, ao integrar suas equipes de tecnologia e negócios, lançou uma campanha promocional cuja execução foi não apenas técnica, mas englobou insights valiosos sobre o comportamento de compra dos consumidores. Isso resultou em um aumento significativo nas vendas e na satisfação do cliente.

Para que essa colaboração floresça, o papel da liderança é imprescindível. Os líderes devem não apenas promover a formação desses times, mas também encorajar uma cultura de segurança psicológica, onde todos se sintam à vontade para compartilhar suas ideias e opiniões. Um líder eficaz deve ser o exemplo vivo dessa abertura, ouvindo atentamente e valorizando cada contribuição, independentemente de sua origem. Essa prática transforma a mentalidade organizacional, elevando a colaboração a um patamar onde todos se sentem parte crucial do processo.

Ainda, a implementação de reuniões interdepartamentais periódicas pode otimizar a comunicação e garantir que todos estejam alinhados com os objetivos comuns. Esses encontros oferecem uma oportunidade para que cada departamento compartilhe suas vitórias e desafios, criando um ambiente onde soluções criativas possam emergir. Afinal, quando todos têm uma visão clara do panorama geral, a contratação de maneiras inovadoras para lidar com problemas pode se tornar uma consequência natural.

Além disso, com a diversificação das atividades, promover a rotação de funcionários entre as áreas não só expande as habilidades técnicas como também cultiva relações interpessoais mais fortes. Um colaborador da área de vendas que passa um tempo na equipe de TI terá uma compreensão mais profunda da tecnologia usada e, consequentemente, poderá melhor comunicar-se e identificar oportunidades de melhoria nos processos.

Por fim, não podemos deixar de lado a importância da formação e do desenvolvimento contínuos. As empresas devem investir em capacitação, garantindo que seus colaboradores tenham as habilidades necessárias para adaptar-se às mudanças e inovações. Treinamentos que integram abordagens práticas de TI com as necessidades cotidianas dos negócios são recursos valiosos que se comprometem com a formação de uma equipe robusta e funcional.

Essas interações não são oportunidades a serem ignoradas, mas sim passos fundamentais rumo a um futuro onde TI não é apenas um suporte, mas sim um verdadeiro parceiro na formulação de estratégias que impulsionam o crescimento e a competitividade. Na próxima seção, abordaremos técnicas de comunicação que podem ainda mais facilitar essa integração, garantindo que todas as partes interessadas estejam cientes do papel vital que desempenham nesse sistema interconectado.

A comunicação é a ponte que conecta as diferentes áreas de uma organização, e na era da transformação digital, esse aspecto se torna ainda mais crucial. Para que a integração entre TI e negócios seja eficaz, é essencial adotar técnicas de comunicação que garantam transparência e agilidade no fluxo de informações. Uma estratégia bem estruturada pode fazer a diferença entre o sucesso e o fracasso na implementação de mudanças.

O primeiro passo para uma comunicação eficaz é criar um ambiente em que os colaboradores se sintam à vontade para compartilhar suas ideias, preocupações e sugestões. Isso pode ser alcançado por meio de reuniões regulares e informais, onde as equipes possam discutir abertamente os desafios enfrentados. A troca de experiências não só fortalece os laços entre os diferentes departamentos, mas também estimula a inovação, permitindo que novas soluções surjam de forma colaborativa.

Outra técnica valiosa é a utilização de plataformas colaborativas. Ferramentas como Slack, Microsoft Teams ou Trello permitem que as equipes se mantenham conectadas e atualizadas, compartilhando informações em tempo real. Essas plataformas não só facilitam a comunicação, mas também ajudam na organização de projetos, permitindo que todos tenham visibilidade sobre o progresso das atividades. Empresas que implementaram essas tecnologias relataram um aumento significativo na eficiência e na satisfação dos colaboradores, uma vez que a comunicação se tornou mais fluida.

A transparência é um dos pilares que sustentam uma comunicação bem-sucedida. Noticiários internos, boletins e dashboards visuais podem ser usados para manter todos informados sobre o andamento das mudanças e resultados alcançados. Dessa maneira, os colaboradores não apenas ficam cientes do que está acontecendo, mas também sentem que estão participando ativamente das decisões que afetam a organização. Uma pesquisa realizada em uma empresa de tecnologia revelou que ao aumentar a frequência das comunicações sobre metas e visões, houve um crescimento exponencial no engajamento e na colaboração entre os departamentos.

Além disso, é importante reconhecer e valorizar o feedback dos colaboradores. Empresas que criam canais de comunicação onde os funcionários podem expressar suas opiniões sobre as mudanças foram capazes de fazer ajustes significativos em suas estratégias, garantindo que a implementação ocorra de forma mais harmoniosa e alinhada aos desejos de todos. Uma companhia de serviços financeiros, ao ouvir suas equipes sobre as preocupações em torno de uma nova ferramenta de gerenciamento, foi capaz de adaptar suas funções, resultando não apenas em aceitação, mas em verdadeira empolgação em relação à nova tecnologia.

Por fim, fomentar uma cultura de storytelling pode ser extremamente benéfico. Quando histórias reais de sucesso são compartilhadas dentro da organização, elas inspiram e conectam as pessoas. Isso não só ajuda a solidificar a nova visão, como também faz com que os colaboradores se vejam como parte dela. Ao ouvirem sobre colegas que obtiveram sucesso com a nova abordagem, sentem-se motivados e encorajados a se envolver.

A comunicação é, portanto, uma ferramenta poderosa que não deve ser negligenciada em processos de integração. Empresas que estabelecem uma comunicação clara, aberta e estruturada estarão mais bem preparadas para enfrentar os desafios da transformação digital, transformando a resistência em uma oportunidade de crescimento e inovação. Com estas técnicas, a integração entre tecnologia e negócios se torna não apenas possível, mas um caminho promissor para o sucesso organizacional na era contemporânea.

A análise de resultados é um artefato indispensável na busca pela sinergia entre a TI e os demais departamentos de uma organização. Para que essa integração não seja apenas um ideal distante, é essencial traduzir esforços em métricas claras e palpáveis. Ao medir o impacto da colaboração entre TI e negócios, as empresas podem identificar áreas de sucesso e originar insights que revigoram o processo produtivo.

Um dos principais indicadores a ser considerado é a eficiência operacional. Essa métrica pode ser analisada através da comparação entre os custos operacionais antes e depois da implantação de novas soluções tecnológicas. Um estudo de caso realizado com uma rede de varejo demonstrou que a implementação de um sistema de gestão integrado resultou numa diminuição de 30% nos custos relacionados à logística e à distribuição. As equipes que colaboraram em prol do projeto relataram não só aumento na eficiência, como também um clima de entusiasmo que permeou toda a empresa.

Outro aspecto relevante é a satisfação do cliente. Isso pode ser mensurado por meio de pesquisas de opinião e Net Promoter Score (NPS). Quando um novo software otimizado é introduzido, como uma ferramenta de atendimento ao cliente, é possível observar se houve um aumento na receptividade e na eficiência na resolução de problemas. Uma companhia de telecomunicações que modernizou seu sistema de suporte viu um aumento de 45% na satisfação do cliente, resultado que se refletiu em maior lealdade e aumento da fatia de mercado.

Ademais, indicadores de inovação devem também ser observados. O número de novos produtos ou serviços lançados, a rapidez de suas implementações e a aceitação do mercado são exemplos de como a integração tornada essa nova fase criativa. A performance de uma startup que alavancou a colaboração entre suas áreas de TI e marketing resultou em cinco lançamentos de produtos em um ano, todos bem-sucedidos em suas respectivas faixas de mercado, desafiando a concorrência estabelecida.

Por fim, um fator não menos importante é a cultura organizacional que pode ser mensurada com a ajuda de ferramentas como a pesquisa de clima organizacional. Uma unificação bem-sucedida entre TI e negócios não só melhora os resultados numéricos, mas nutre um ambiente de engajamento funcionários. Um estudo revelou que as empresas que promovem uma cultura de colaboração experimentam uma redução nas taxas de rotatividade, algo essencial para manter os conhecimentos adquiridos ao longo da jornada profissional.

Neste panorama, os stakeholders devem ser considerados coautores dessa integração. A habilidade de coletar feedback e integrá-lo em processos futuros não apenas fortalece a relação entre setores, mas é uma maneira eficaz de acelerar mudanças necessárias. A mudança não deve ser vista como um fardo, mas como um caminho que leva a novas oportunidades de inovação e crescimento.

A integração de TI com os negócios está em constante evolução, e o que funciona hoje pode não ser suficiente amanhã. Ao implantar uma mentalidade de feedback contínuo e de revisão dos processos, as organizações podem não só otimizar suas operações, mas também cultivar um ambiente inspirador e dinâmico. À medida que transitamos para o futuro, fica claro que a cooperação efetiva entre essas áreas é vital para enfrentar os desafios emergentes e garantir um espaço de destaque em um mercado cada vez mais competitivo.

Capítulo 5: Avaliação e Planejamento da Governança de TI

Neste cenário em constante evolução que vivemos, a avaliação da governança de TI se mostra como um passo não apenas desejável, mas fundamental para a saúde de qualquer organização. A necessidade de uma leitura crítica sobre o estado atual da governança não pode ser subestimada; é através desse diagnóstico que se abrem as portas para melhorias significativas e a definição de passos assertivos rumo ao sucesso.

A urgência de compreender o posicionamento da governança de TI na estrutura organizacional é vital. Imagine uma empresa que, até o momento, operou sem um claro entendimento da sua própria estratégia de TI. Suas operações carregadas de riscos tornam-se ineficazes, levando a desperdícios, atrasos e frustrações que poderiam ser facilmente evitados. E é exatamente ao reconhecer a situação atual que se dá início à transformação. Um exemplo emblemático é o de uma instituição financeira que, após realizar uma avaliação detalhada de sua governança de TI, foi capaz de traçar estratégias que não apenas reduziram custos operacionais, mas também aumentaram a satisfação dos clientes em 60%.

Ademais, o planejamento que se segue a essa avaliação é o que permitirá que a organização não apenas conserte falhas, mas também alcance novos patamares de excelência. Definir metas claras é tão importante quanto identificá-las. Uma companhia de telecomunicações, ao revisar suas políticas de governança, começou a mapear objetivos específicos para sua TI. Esse simples ato não só esclareceu o foco da área, mas também integrava todos os departamentos ao entusiasmo do que viria. A partir daí, surgiram inovações que transformaram o modo como atendia seus clientes, solidificando sua posição como líder de mercado.

É imprescindível mencionar que o diagnóstico da governança de TI não deve ser visto como uma ação isolada, mas como um processo contínuo e interativo. A realidade das empresas é dinâmica, e os desafios que enfrentam evoluem rapidamente. Dentro desse contexto, o conceito de "ciclo de avaliação e reajuste" se torna essencial. Assim como um navegador que frequentemente consulta seu mapa, as organizações que implementam essa prática de avaliação contínua podem ajustar suas rotas e se manter no caminho certo.

Portanto, as lições que se podem extrair é que a avaliação da governança de TI não é apenas uma tarefa burocrática. Ela é uma necessidade gritante na estratégia de qualquer empresa. É pela identificação precisa de suas condições atuais que as organizações podem não apenas corrigir rotas, mas também realizar grandes saltos na eficiência e na qualidade dos serviços oferecidos. Na continuidade deste capítulo, exploraremos as ferramentas e técnicas que suportam essa avaliação, ampliando as visões do leitor sobre como transformar a teoria em práticas concretas que elevem suas governanças a um novo nível.

A avaliação da governança de TI deve ser encarada como um passo crucial dentro do contexto corporativo, folgando a possibilidade de detectar lacunas que, se não abordadas, podem comprometer o sucesso das iniciativas tecnológicas. Para isso, a utilização de ferramentas e técnicas robustas se torna essencial. Ao falar de avaliação, não podemos deixar de destacar metodologias reconhecidas que ajudam na estruturação desse processo.

Um dos grandes aliados neste cenário é o modelo COBIT (Control Objectives for Information and Related Technologies). Este framework proporciona um conjunto de boas práticas que orientam a governança das informações e tecnologias, assegurando que os objetivos de negócios sejam alcançados. Ele permite que as organizações analisem suas práticas de TI, proporcionando um mapa claro do que precisa ser fortalecido ou alterado. Por exemplo, uma empresa do setor de saúde, ao adotar o COBIT, conseguiu aumentar a segurança de seus dados e a eficiência operacional, mostrando que um diagnóstico baseado em frameworks pode gerar soluções poderosas.

Além do COBIT, o ITIL (Information Technology Infrastructure Library) é outra ferramenta relevante. Focado na melhoria contínua de serviços de TI, o ITIL oferece diretrizes práticas que auxiliam as empresas a gerenciar a qualidade de seus serviços, reduzindo riscos e melhorando a entrega aos usuários. Uma companhia de telecomunicações, por exemplo, que implementou princípios do ITIL, viu um aumento significativo na satisfação dos clientes após transformar seus processos internos, e isso está fortemente relacionado a uma governança bem estruturada.

Auditorias de TI também desempenham um papel vital na avaliação. Elas servem para levantar dados sobre o estado atual das práticas de TI e podem ser utilizadas para identificar deficiências críticas que precisam de atenção imediata. Equipes multidisciplinares podem conduzir workshops colaborativos durante o processo de auditoria. Essas sessões trazem à tona o conhecimento coletivo da organização e permitem que todos os participantes compartilhem suas percepções sobre os problemas locais.

Um exemplo prático de como workshops colaborativos podem ser frutíferos é a experiência vivida por uma empresa de software que reunia suas equipes de desenvolvimento e operações para discutir melhorias. Durante uma dessas reuniões, surgiram ideias inovadoras que foram implementadas e resultaram em um aumento na produtividade e satisfação do cliente, o que validou a escolha da abordagem colaborativa.

O papel do feedback nesse processo não pode ser subestimado. Ao realizar a avaliação da governança de TI, é crucial que as etapas e práticas sejam revisadas com base nas contribuições das diversas partes interessadas. Isso não apenas promove um entendimento mais amplo da situação atual, mas também mostra aos colaboradores que suas vozes são ouvidas e valorizadas, incentivando um ciclo de melhoria contínua.

Portanto, ao se aprofundar nas ferramentas e técnicas disponíveis, bem como em metodologias reconhecidas como COBIT e ITIL, as organizações cuidam não apenas de evitar lacunas, mas criam uma base sólida para a excelência em governança de TI.

Essa base possibilitará uma jornada frutífera em direção à transformação digital, preparando o terreno para a inovação e o sucesso no futuro corporativo.

Identificar os pontos fracos e oportunidades dentro da governança de TI é um aspecto vital para qualquer organização que deseja manter um ciclo de transformação contínua e significativo. Através de uma análise criteriosa, é possível não apenas localizar desequilíbrios nas estruturas de governança, mas também agir de forma decisiva para catalisar melhorias pertinentes, que podem levar a resultados surpreendentes e eficácia ampliada.

Ao realizar uma avaliação detalhada da governança de TI, surgem frequentemente aspectos que necessitam de atenção. Um dos primeiros passos é mapear a estrutura atual e comparar com as melhores práticas reconhecidas no mercado. Aqui, técnicas como a realização de entrevistas com stakeholders chave e análises de documentos internos podem revelar um quadro muito mais claro sobre como a TI se alinha (ou se desvia) dos objetivos estratégicos da organização. Um exemplo emblemático desse processo pode ser encontrado em uma organização que, ao auditar seus processos de governança, identificou que a falta de clareza nas atribuições de papéis dentro da equipe era um fator que dificultava a eficácia operacional. Como resultado, a empresa implementou clarezas nos papéis, o que não apenas aumentou a eficiência, mas também melhorou o clima organizacional.

Depois de identificar os pontos fracos, o próximo passo é descobrir as oportunidades que podem surgir a partir da reavaliação das práticas de TI. Cada prática ineficaz não se limita apenas a um déficit, mas deve ser vista como uma oportunidade para inovação. Por exemplo, um projeto de integração de sistemas que inicialmente parecia um ônus revelou-se uma oportunidade de economizar tempo e recursos ao simplificar a comunicação entre diferentes plataformas. Ao adotar uma mentalidade aberta para abordagens inovadoras, as empresas podem transformar desafios em vantagens competitivas.

Além disso, ao fomentar uma cultura onde o feedback é bem-vindo e incentivado, organizações podem descobrir percepções valiosas que melhoram ainda mais o estado da governança de TI. Colaboradores frequentemente têm uma visão que não é abordada em nível estratégico e podem apresentar soluções adequadas para as dificuldades operacionais enfrentadas. Um procedimento simples de coleta de feedback, através de reuniões regulares, pode trazer à tona questões que, se deixadas sem resposta, continuam a limitar o progresso da equipe de TI.

Além disso, cabe destacar que a falta de monitoramento contínuo sobre os indicadores de desempenho da TI pode levar a situações em que um problema menor se transforma em um desafio significativo. Portanto, a configuração de métricas de performance e benchmarking se torna crucial, pois permite uma avaliação em tempo real das práticas, garantindo que a governança esteja sempre em alinhamento com as demandas do mercado e as metas organizacionais.

Em conclusão, a identificação de pontos fracos e oportunidades dentro da governança de TI não é simplesmente um exercício acadêmico; trata-se de um movimento direcionado que pode remodelar toda a dinâmica de uma empresa. Essa abordagem ativa e reativa visa não apenas a sobrevivência da organização, mas sua prosperidade, transformando cada avaliação em um degrau rumo ao sucesso. O leitor deve se questionar sobre como aplicar esse conhecimento em sua própria organização, gerando um ciclo saudável de melhorias e inovações que garantam a relevância da TI como um pilar essencial dentro da estratégia de negócios a longo prazo.

O planejamento de ações para uma governança de TI eficaz requer um olhar atento aos detalhes, além de um entendimento profundo de como cada etapa se interconecta com os objetivos estratégicos da empresa. Ao desenhar um plano robusto, é vital que os líderes da organização estejam engajados, não apenas como mentores, mas como facilitadores de uma mudança cultural que valorize a colaboração e a inovação.

Em primeiro lugar, a definição de objetivos claros e mensuráveis é primordial. Esses objetivos devem ser alinhados não apenas com as metas gerais da empresa, mas também com as necessidades específicas de cada departamento. Para isso, a criação de um comitê que reúna representantes de diferentes áreas com a TI pode proporcionar insights valiosos e garantir que a governança de TI seja vista como uma prioridade compartilhada. Colocar diferentes perspectivas na mesa ajuda a moldar um plano que seja abrangente e adaptável às diversas realidades da organização.

Um exemplo prático pode ser observado em uma empresa de tecnologia que estabeleceu um comitê interdepartamental. Ao mesmo tempo que buscava melhorias em seus processos de TI, o comitê promoveu reuniões mensais, onde cada área apresentava suas experiências e desafios. Com essa troca, não só as soluções se tornaram mais eficientes, mas a interação entre os departamentos estimulou uma verdadeira cultura de inovação, onde cada colaborador se sentia parte do processo.

A alocação de recursos é outro aspecto que não deve ser negligenciado. Um planejamento bem-sucedido requer o investimento correto em tecnologias e na capacitação dos colaboradores. Acima de tudo, garantir que todas as pessoas envolvidas tenham acesso a treinamentos contínuos é essencial para mantê-las atualizadas sobre as novas práticas e ferramentas. Aqui, histórias de empresas que viram um aumento na produtividade quando investiram em treinamento e desenvolvimento podem ilustrar o impacto positivo dessa estratégia.

Instalar ferramentas de gerenciamento de projetos, como o Trello ou o Asana, pode facilitar a visibilidade das ações em andamento. Implementações de processos ágeis, que proporcionam maiores interações entre equipes, podem nutrir um ambiente onde a adaptação e o feedback são encorajados. Ao se reunir periodicamente para revisões de progresso, as equipes podem identificar rapidamente quais estratégias estão funcionando e quais precisam ser ajustadas.

Além disso, a necessidade de um acompanhamento contínuo não pode ser subestimada. Ao documentar o progresso e as falhas, as organizações podem não apenas aprender com os erros, mas também reforçar uma cultura de responsabilidade. Ao promover uma mentalidade de melhoria contínua, será possível ajustar rapidamente as estratégias para se adequarem às novas demandas do mercado.

Por último, celebrar as conquistas, sejam elas pequenas ou grandes, é fundamental. Isso não só motiva os colaboradores, mas também solidifica a cultura de sucesso dentro da organização. Quando as vitórias são reconhecidas, seja por meio de boletins informativos ou pequenas celebrações, todos se sentem mais conectados a um propósito maior.

Ao final deste capítulo, estará claro que planejar a evolução da governança de TI não é uma tarefa isolada. Envolve a intersecção de múltiplas áreas, um olhar atento para o que funciona (e o que não funciona) e um compromisso genuíno com a melhoria contínua. Agora, fica um convite: como a sua organização pode dar início a essa jornada de transformação e oportunidades? Que passos você pode começar a tomar hoje para garantir que a governança de TI seja uma força propulsora de valor dentro do seu negócio?

Capítulo 6: Melhores Práticas para Implementação

Preparar uma organização para a implementação eficaz da governança de TI é um desafio tão gratificante quanto essencial. O primeiro passo nesse extraordinário caminho é entender que essa transformação não ocorre da noite para o dia. É um verdadeiro processo de Ministério que requer planejamento meticuloso e a união de forças em prol de um objetivo comum: o sucesso organizacional.

Neste início de capítulo, abordaremos a importância de formar uma equipe multidisciplinar. A junção de diferentes áreas traz uma diversidade de conhecimentos e experiências que enriquecem o processo. Cada área tem sua visão, suas dificuldades e suas especificidades, o que permite ao grupo uma análise ampla e uma atuação mais assertiva. Imagine uma empresa cuja área de marketing e TI trabalharam juntas para implementar um novo sistema de gestão de relacionamento com o cliente (CRM). O resultado? Uma melhoria de 40% na experiência do cliente e um aumento considerável nas vendas, que não seriam possíveis se as áreas mantivessem suas paredes separadas.

Para garantir que essa equipe de trabalho atue de forma sinérgica, é imperativo ter um líder ou facilitador eficaz. Esse profissional não só deve ter competência técnica, mas também habilidades interpessoais que inspirem confiança e motivem os membros do time. Um facilitador deve atuar como um elo entre as partes e, mais ainda, deve promover um ambiente colaborativo, onde todos se sintam à vontade para compartilhar ideias e enfrentar desafios. Cito o exemplo de uma empresa de tecnologia que, ao nomear um facilitador com conhecimento em liderança e comunicação, reduziu em 30% o tempo de implementação de um novo sistema de TI, devido à clareza nos processos e às metas bem definidas.

A mobilização da equipe é, sem dúvida, uma fase crítica. Realizar reuniões de alinhamento, criar espaços para networking entre as áreas e promover workshops participativos podem ajudar a reforçar o senso de pertencimento e engajamento entre os colaboradores. Assim, todos estarão mais motivados a contribuir com suas expertises. Um passo valioso que muitas organizações têm adotado é a realização de encontros mensais para discutir o progresso e os desafios enfrentados, criando um clima de transparência e aprendizado contínuo.

Além da formação de uma equipe multidisciplinar, é essencial estabelecer um conjunto claro de etapas que guiarão a implementação da governança de TI. Esse roteiro permitirá que todos compreendam a importância de suas contribuições individuais e como elas se encaixam no objetivo maior da organização. Um exemplo é uma multinacional que, ao definir etapas específicas, conseguiu implementar sua governança de TI em três meses – duração que originalmente estava prevista para seis – apenas porque todos estavam alinhados em torno de um plano estratégico claro e mensurável.

Assim, a preparação para a implementação de uma governança de TI eficaz é muito mais do que apenas ajustar alguns procedimentos; trata-se de cultivar uma cultura colaborativa que permitirá que a organização não apenas alcance, mas supere seus objetivos. A partir daí, prosseguiremos para os aspectos intrínsecos à definição de papéis e responsabilidades, os quais se mostram fundamentais para tornar essa estratégia em algo palpável e prático no dia a dia das operações da organização.

Diante do exposto, como sua organização pode dar os primeiros passos para construir essa equipe e mobilizar todos em direção a objetivos coletivos? Que cautelas você pode estabelecer nessa jornada transformadora? A resposta a essas perguntas será o motor que impulsionará a eficácia da governança de TI, levando sua organização ao sucesso almejado.

A estruturação de papéis e responsabilidades dentro da governança de TI é um dos alicerces fundamentais para que as iniciativas alcancem sucesso. Sem uma definição clara sobre quem faz o quê, a possibilidade de confusão e ineficiência aumenta exponencialmente. Portanto, dedicar atenção especial à hierarquia e à inter-relação entre os profissionais é essencial.

Primeiramente, é crucial que a organização desenvolva organogramas que ilustrem as interconexões entre as diferentes funções. Colocar esses diagramas em locais visíveis, onde todos possam consultar, é uma prática inteligente. A partir daí, cada membro da equipe terá um guia claro sobre seu papel e a relevância dele dentro do andamento geral do processo.

Um envolvimento ativo dos stakeholders nesse momento de definição de papéis gera uma entrega mais assertiva. Reuniões colaborativas, onde todos podem contribuir com suas expectativas e preocupações, são particularmente úteis. Durante uma dessas reuniões em uma empresa de serviços financeiros, por exemplo, um colaborador destacou que não tinha clareza sobre como sua função afetava os resultados da TI. Essa observação levou a uma redefinição de papéis que não só esclareceu as relações, mas também aumentou a motivação da equipe envolvida.

Outro ponto a ser considerado é a designação de líderes de cada área. Estes líderes não apenas devem possuir conhecimento técnico, mas também ter habilidades de gestão que possam guiar suas equipes com eficácia. É através da liderança capaz que os projetos evoluem e as chances de sucesso se multiplicam. Um exemplo claro ocorreu em uma instituição de ensino, que, ao eleger líderes para cada projeto de TI, viu uma redução do tempo de implementação das iniciativas em 50%.

Quando se fala em responsabilidades, cada papel precisa estar alinhado com as metas da organização. Isso não só assegura que todos estejam remando na mesma direção, como também reforça o sentimento de compromisso. Dizer a um membro da equipe que seu trabalho é vital para a implementação de um novo sistema ERP, por exemplo, é uma maneira certa de vincular seu esforço a resultados estratégicos.

É importante também que as expectativas de cada função sejam claras. Para isso, a documentação se torna uma aliada poderosa. Criação de manuais ou guias explicativos, que detalhem as tarefas específicas e a importância de cada uma, diminuem a ambiguidade, dando aos colaboradores direcionamentos mais precisos sobre suas ações. Uma empresa de tecnologia, ao desenvolver um manual de onboarding para novos colaboradores de TI, percebeu um aumento de 30% na produtividade nas primeiras semanas de trabalho desses novos membros, um testemunho do impacto que uma boa estruturação pode ter.

Além disso, a revisão periódica de papéis e responsabilidades deve ser uma prática contínua. À medida que a tecnologia avança e os procedimentos se aprimoram, o que funcionava no passado pode não ser mais eficaz. Isso requer um ciclo de feedback onde cada colaborador é encorajado a expressar suas experiências e sugestões para ajustes nas responsabilidades.

Assim, a estruturação eficaz de papéis e responsabilidades não é uma tarefa pontual, mas sim um processo dinâmico que deve estar em constante evolução. À medida que a governança de TI avança, fica claro que quando as equipes compreendem perfeitamente seus papéis, a organização ganha força, alinhamento e, consequentemente, o sucesso desejado. Como está o papel de sua equipe no ciclo dessa transformação? Essa é a reflexão central que deve nortear o engajamento de todos.

A implementação de ferramentas e processos adequados é um passo decisivo para a governança de TI. Cada organização, com suas particularidades e demandas, necessita adaptar as ferramentas que utilizarão, garantindo que elas não apenas se integrem à estrutura existente, mas que também se tornem facilitadoras de uma comunicação mais fluida e de um gerenciamento mais eficaz.

Uma escolha sábia de ferramentas pode fazer toda a diferença. É essencial que as organizações analisem suas necessidades antes de decidir quais sistemas implementar. Por exemplo, a escolha de um software de gerenciamento de projetos que permita o acompanhamento em tempo real de tarefas e interações entre diferentes equipes resulta em uma colaboração mais eficaz. Um estudo de caso notável é o da empresa de tecnologia "InovaTech", que ao integrar um sistema como o Jira, viu um aumento significativo na transparência de suas operações e na capacidade de entrega de projetos. Essa ferramenta permitiu que as equipes pudessem visualizar o progresso das atividades em tempo real, resultando em uma redução de 25% nos prazos de entrega.

Além disso, é fundamental que a organização não subestime o poder das plataformas de comunicação. Ferramentas como Slack ou Microsoft Teams transformam a maneira como as equipes interagem, facilitando a troca de informações e alinhando expectativas. Por meio de canais dedicados a projetos ou temas específicos, é possível que todos estejam na mesma página e que pontos críticos sejam discutidos prontamente. Uma grande empresa do setor bancário, por exemplo, percebeu que ao adotar uma solução de comunicação integrada, a sua agilidade em responder consultas de clientes melhorou em 40%.

Os processos, por sua vez, devem ser claramente mapeados e documentados. Isso vai muito além da simples criação de um guia; trata-se de estabelecer um manual do usuário para cada ferramenta, explicando não apenas como utilizá-la, mas também ressaltando boas práticas e hábitos que incentivem a adoção efetiva. Um passo importante neste processo é garantir que todos os colaboradores recebam formação adequada nas ferramentas implementadas. Ao proporcionar um treinamento robusto, onde os colaboradores entendem os benefícios e funcionalidades das novas ferramentas, as organizações percebem um aumento significativo na adoção e utilização efetiva dos sistemas.

Um exemplo prático pode ser a experiência de uma startup inovadora que, ao implementar um novo CRM, ofereceu uma série de oficinas práticas para seus colaboradores. Essa ação garantiu que cada funcionário se sentisse confortável em usar a plataforma, resultando em um acréscimo de 30% nas vendas no primeiro trimestre após a implementação.

Contudo, as ferramentas e os processos não devem ser tratados como entidades isoladas, mas como parte de um ecossistema que também deve envolver feedback contínuo. É vital que as organizações incentivem a cultura de sugestão e melhoria. Quando todos sentem que suas opiniões são levadas em conta, a eficácia das ferramentas e a fluidez dos processos são significativamente aumentadas. Realizar encontros trimestrais para discutir o que funcionou, o que não funcionou e como as ferramentas e processos podem ser melhorados é uma prática que gera resultados positivos e estabelece um ambiente de constante aprendizado.

Assim, ao implementar ferramentas e processos, as organizações não estão apenas adaptando recursos; estão criando uma cultura colaborativa, onde cada colaborador tem a oportunidade de ser parte ativa da transformação. As lições aprendidas durante esse processo são cruciais para garantir que a governança de TI não apenas exista, mas que floresça e se adapte às necessidades da empresa, transformando desafios em oportunidades e estabelecendo um caminho sólido em direção ao sucesso. Que ferramentas você já considerou implementar em sua organização e como poderia maximizar seu impacto? Estas reflexões serão essenciais para guiar sua jornada na governança de TI.

O monitoramento contínuo e o aprendizado a partir dos resultados são elementos cruciais para uma governança de TI bem-sucedida. Uma organização que se compromete a acompanhar seu desempenho não só mantém o pulso em suas práticas de governança, como também está sempre pronta para se adaptar às novas realidades do mercado.

Para instituir um sistema de monitoramento eficaz, é essencial primeiro definir KPIs (Indicadores-Chave de Performance) que estejam alinhados com os objetivos de negócio da empresa. Esses KPIs devem ser claros, mensuráveis e relevantes, proporcionando uma visão precisa das operações de TI. Um bom exemplo é a utilização de métricas como a taxa de satisfação do cliente, a eficiência no tempo de resposta ou a taxa de incidentes críticos resolvidos. Um estudo de caso notável vem de uma empresa de e-commerce que, ao adotar KPIs focados na experiência do usuário, foi capaz de reduzir a taxa de abandono do carrinho em 30% dentro de seis meses.

Outro aspecto a considerar é a coleta sistemática de feedback, não apenas para entender como as ferramentas e processos estão funcionando, mas para envolver ativamente todos os colaboradores na busca por melhorias. Realizar workshops periódicos onde as equipes podem compartilhar experiências e sugestões é uma prática que muitas empresas têm adotado. Ao fazer isso, uma organização não só capta informações valiosas, mas também cria um ambiente onde todos se sentem parte do processo de melhoria contínua.

Um exemplo concreto disso pode ser observado em uma empresa de tecnologia que estabeleceu um "dia da melhoria contínua," onde todos os colaboradores foram convidados a discutir desafios e propor soluções. O resultado foi um aumento significativo de ideias implementadas, refletindo diretamente na produtividade e na moral da equipe.

Além disso, a importância de rever e ajustar frequentemente o plano de governança de TI não pode ser subestimada. À medida que as tecnologias evoluem e novas necessidades se apresentam, a governança deve ser dinâmica. A prática de avaliações trimestrais permite que a organização não apenas monitore seu progresso, mas também faça os ajustes necessários em tempo hábil. Um exemplo prático é uma instituição financeira que ajustou suas práticas de governança após uma análise semestral, implementando novas medidas que aumentaram a segurança de dados e a eficiência operacional.

Por último, mas não menos importante, a cultura de aprendizagem contínua deve ser cultivada. As organizações que incentivam o autodesenvolvimento e a busca por novos conhecimentos, seja através de treinamentos, cursos ou eventos do setor, estão mais preparadas para enfrentar os desafios emergentes. Um bom caso é o de uma start-up que investiu em programas de capacitação para seus colaboradores e, como resultado, não só manteve a equipe atualizada sobre as práticas de mercado, mas também viu um crescimento exponencial na inovação dentro da empresa.

Em resumo, o monitoramento e aprendizado contínuos formam a espinha dorsal de uma governança de TI eficaz. À medida que as organizações implementam esses princípios, não estão apenas se adaptando a um ambiente em constante mudança, mas também criando uma fundação sólida para um crescimento sustentável e bem-sucedido a longo prazo. Que medidas sua organização pode implementar para garantir que a governança de TI não apenas exista, mas prospere? Uma reflexão importante que pode guiar a jornada de cada líder em sua busca por excelência.

Capítulo 7: O Papel da Tecnologia na Governança

Ainda diante da velocidade avassaladora da transformação digital que permeia o ambiente corporativo, torna-se imprescindível explorar o impacto das tecnologias emergentes na governança de TI. Este primeiro bloco do capítulo nos convida a refletir sobre a natureza transformadora da inteligência artificial, do machine learning, da automação e do big data. Esses elementos não apenas estão à luz do desenvolvimento tecnológico, mas também moldam cada vez mais as práticas de governança, trazendo um novo horizonte para as organizações.

Imaginemos, por um momento, uma empresa que decide implementar um sistema de inteligência artificial para analisar dados de sua operação. Não se trataria apenas de uma ferramenta moderna, mas de um verdadeiro aliado, capaz de revelar padrões antes invisíveis e oferecer insights que abastecem decisões estratégicas. Um exemplo prático se dá na experiência de um varejista nacional que, ao adotar uma solução de big data, conseguiu prever tendências de consumo em tempo real, aumentando suas vendas em 20% durante os seis primeiros meses da implementação. Este tipo de sucesso evidencia como um olhar atento às tecnologias emergentes pode elevar a governança de TI a um nível de eficiência e eficácia sem precedentes.

Nesse contexto, a relevância da adoção dessas tecnologias não pode ser subestimada. Estamos diante de um ambiente onde a incerteza é uma constante, e as empresas que se mantêm à frente são aquelas que utilizam a inovação não apenas para acompanhar as mudanças, mas para antecipá-las. Contudo, ao considerarmos a automação e a inteligência artificial, devemos reconhecer um paradoxo. Enquanto essas tecnologias podem agir rapidamente para otimizar processos, elas também desencadeiam inquietações ligadas à privacidade, à segurança da informação e a uma possível desumanização das interações no ambiente corporativo.

Assim, fortalecer a governança de TI com um apontamento ético claro se torna não apenas recomendável, mas urgente. Organizações precisam garantir que as decisões tomadas por algoritmos estejam alinhadas com os valores e princípios que regem a cultura da empresa. Um exemplo inspirador pode ser observado em uma empresa do setor financeiro que instituiu uma equipe de ética dedicada a monitorar suas práticas de uso de IA. Com essa abordagem, não só reduziram incidentes de violação de dados, como também aumentaram a confiança entre clientes e colaboradores, fortalecendo a reputação da marca.

Posto isso, esta jornada pela tecnologia na governança de TI é marcada por mudanças contínuas e a flexibilidade obrigatória para adaptar-se. As janelas de oportunidades abertas por inovações tecnológicas são frequentemente acompanhadas por debates sobre ética e responsabilidade. Portanto, o nosso primeiro passo é garantir que essa integração não apenas propicie melhores resultados, mas que também respeite os pilares da dignidade humana e da responsabilidade social.

Dessa forma, aguardo com entusiasmo a sequência desta exploração, onde não apenas estudaremos exemplos de sucesso na integração das novas tecnologias, mas também estaremos atentos às lições extraídas dos erros e sucessos de quem já trilhou esse caminho. Quais desafios sua organização enfrentou na adoção de novas tecnologias? Quais foram as oportunidades que surgiram e que podem guiar a transformação em direção a uma governança de TI mais efetiva e responsável? Fiéis a essas reflexões, seguiremos, passo a passo, para desvendar o potencial que a tecnologia nos reserva.

A mudança está aqui, pulsante, pronta para ser aproveitada. Como sua organização pode se apropriar desse momento transformador e traçar um futuro promissor em sua governança de TI?

Estudaremos neste capítulo exemplos impactantes de organizações que utilizaram tecnologias emergentes para otimizar suas práticas de governança de TI. Ao longo dessa jornada, tecemos um panorama inspirador que demonstra como a integração dessas inovações pode não apenas solucionar problemas, mas transformar verdadeiramente o modo como operamos.

Vamos começar com uma gigante do setor varejista, a techfashion, que decidiu investir em inteligência artificial para melhorar sua análise preditiva. A empresa enfrentava desafios significativos na compreensão do comportamento do consumidor e na previsão de tendências de compra. Com a implementação de um sistema avançado de machine learning, a techfashion transformou seus dados brutos em insights valiosos. Através do algoritmo, a empresa pôde prever quais produtos seriam mais procurados em épocas específicas, gerando um aumento de 30% nas vendas durante uma temporada particularmente competitiva. Este é um exemplo claro de como uma estratégia de TI alinhada às inovações tecnológicas pode gerar resultados expressivos.

Outro estudo de caso marcante é o da Automatech, uma empresa de automação industrial que adotou processos automatizados para sua linha de produção. Antes da implementação, a geração de relatórios e a gestão de processos eram manuais, resultando em ineficiências e falhas. Com a nova plataforma automatizada, não apenas conseguiram aumentar a eficiência operacional em 45%, mas também reduziram o tempo de produção em 20%. Essa transformação foi vital para a competitividade da empresa no mercado, permitindo que eles se posicionassem como líderes em inovação no setor.

Ainda, não podemos deixar de mencionar o caso da FinTech SmartCredit. Esta notável iniciativa surgiu com a ambição de democratizar o acesso a empréstimos. Utilizando big data e análises avançadas, a SmartCredit foi capaz de criar modelos de scoring que consideravam fatores não convencionais, avaliando a capacidade de retorno dos clientes de uma maneira muito mais abrangente. Com isso, conseguiram aumentar em 50% o número de clientes que passaram a acessar suas opções de crédito, sem comprometer a segurança da operação.

Esses exemplos que exploramos revelam não apenas o impacto das tecnologias emergentes, mas também ressaltam um aprendizado crucial: a integração dessas práticas com a governança de TI não é apenas um objetivo a ser alcançado; é uma jornada transformadora que redefine a forma como uma organização opera.

Investir em tecnologia não deve ser visto como uma despesa, mas sim como uma necessidade estratégica. A governança que se alinha com essas inovações traz à tona novas oportunidades de crescimento, permitindo que as empresas não apenas superem seus desafios, mas também abracem o futuro com entusiasmo e responsabilidade.

Agora, olhando para a sua organização, como você poderia aplicar essas lições aprendidas no dia a dia? Que tecnologias você acredita que podem ser a chave para a sua próxima grande possibilidade? Essa visão será o primeiro passo na construção de um futuro mais eficiente e inovador. A jornada está apenas começando, e a tecnologia pode ser sua aliada mais poderosa nessa busca.

Neste contexto de transformação, é mister que as organizações não apenas adotem novas tecnologias, mas que também avaliem cuidadosamente os impactos éticos resultantes dessa adoção. O uso crescente da automação e da inteligência artificial na governança de TI levanta uma série de questões que não podem ser ignoradas. O primeiro ponto a ser discutido refere-se à transparência das decisões tomadas por algoritmos. Algoritmos podem ser tanto um motor de eficiência como uma caixa-preta que obscurece os processos de tomada de decisão. É crucial que organizações estabeleçam mecanismos de supervisão que garantam que as decisões, mesmo as automatizadas, sejam auditáveis e justas.

Um excelente exemplo disso é a prática de uma fintech que incorpora uma equipe de ética digital em seu processo de desenvolvimento tecnológico. Essa equipe não só garante que as decisões do algoritmo estejam alinhadas com os valores da empresa, mas também com regulamentações de proteção ao consumidor, estabelecendo um padrão de responsabilidade e confiança entre a organização e seus clientes.

Outro aspecto a ser considerado são as implicações para os colaboradores. A automação pode, indubitavelmente, melhorar a eficiência operacional, mas também pode levar à obsolescência de certos cargos. Assim, as empresas devem ser proativas em implementar programas de requalificação que preparem os colaboradores para as novas funções criadas pela tecnologia. Sumariamente, uma organização que entende a importância de investir no desenvolvimento contínuo da equipe não só se resguarda de uma possível resistência à mudança, mas também cultiva um ambiente de trabalho mais engajado e motivado.

O equilíbrio entre eficiência e a preservação do valor humano requer não apenas uma abordagem ética, mas também uma comunicação clara. À medida que a tecnologia se torna uma parte intrínseca da governança de TI, é necessário cultivar uma cultura onde todos os colaboradores se sintam valorizados e informados sobre como essas mudanças impactam suas funções. Um exemplo do setor de manufatura mostra que, ao promover transparência sobre as mudanças, os líderes conseguiram reduzir a ansiedade dos colaboradores e aumentar a adesão às novas práticas.

Dessa maneira, inserir considerações éticas na governança de TI não é apenas desejável; é uma necessidade estratégica. Quando organizações não apenas implementam tecnologias, mas também traduzem essas inovações em práticas sustentáveis e éticas, elas não apenas se diferenciam no mercado, mas também se tornam exemplos de liderança responsável.

Seguindo para o último bloco deste capítulo, refletiremos sobre como as tecnologias emergentes podem dar um novo significado à governança de TI, moldando um futuro onde a ética, a eficiência e a valorização humana caminham lado a lado. Estamos diante de um potencial revolucionário, mas para aproveitá-lo, as organizações devem se comprometer a atuar de maneira consciente, aproveitando a transformação digital para construir não apenas um ambiente de trabalho mais produtivo, mas também uma sociedade mais justa e inclusiva. Como sua organização está abordando essa questão vital de forma a garantir a integridade e a humanidade em suas práticas de governança de TI?

Para o futuro da governança de TI, estamos entrando em uma era de mudanças extraordinárias e, como em todo grande passo na inovação, o potencial reside não apenas nas ferramentas que adotamos, mas na maneira como as integramos em nossas práticas e processos. A tecnologia, especialmente em sua forma mais emergente, tem o poder de não apenas redimensionar a governança, mas de estimular um renascimento em sua função dentro das organizações.

Uma das mudanças mais significativas que se avizinham é a crescente adoção de inteligência artificial e aprendizado de máquina. Essas tecnologias têm potencial transformador, sendo capazes de analisar grandes volumes de dados em tempo real e, assim, fornecer insights críticos que podem acelerar a tomada de decisões estratégicas. Mas a verdadeira questão é: como podemos garantir que esses novos paradigmas sejam usados de forma ética e eficaz em nossas práticas de governança?

Em um mundo onde as decisões automatizadas podem impactar a trajetória de uma organização, é vital que se estabeleçam diretrizes claras. A governança de TI deve incluir não apenas a eficiência e eficácia, mas também um comprometimento inabalável com princípios éticos. Pense nas implicações de implementar um algoritmo de decisão. Se utilizado sem supervisão adequada, ele pode reproduzir preconceitos existentes ou tomar decisões que não ressoem com os valores da organizações e seus colaboradores. Portanto, um compromisso ético claro na governança será fundamental.

Além disso, é imperativo que as organizações fomentem uma cultura de aprendizado contínuo. O ritmo acelerado de mudanças tecnológicas exige que tanto líderes quanto colaboradores estejam prontos para evoluir em suas funções. Isso significa não apenas treinar equipes nas novas tecnologias, mas também prepará-las para interpretar os dados e insights que emergem desses novos sistemas. As organizações que investem no desenvolvimento de suas equipes não apenas atendem às exigências do presente, mas preparam suas bases para um futuro resplandecente.

Outro aspecto importante a ser contemplado é a colaboração interdepartamental. À medida que a tecnologia avança, as áreas de TI, marketing, finanças, e operações devem interagir de maneira mais sinérgica. A integração dessas áreas pode levar a inovações que antes pareciam distantes. Imagine um sistema onde o departamento de marketing, utilizando dados fornecidos por ferramentas de big data em tempo real, ajude o setor de TI a entender as flutuações do mercado. Essa parceria não apenas fortalece a estratégia de marketing, mas também cria uma base sólida para decisões de TI que estejam alinhadas com as necessidades do negócio.

Por fim, o futuro da governança de TI é um convite à revolução. Com as forças da tecnologia ao nosso lado, temos uma oportunidade sem precedentes de reinventar como as organizações operam e se estruturam. O sucesso será reservado àquelas que não apenas adotam a mudança, mas que a abraçam com determinação e responsabilidade. E àqueles que se propõem a ser os arquitetos desse novo futuro, cabe preparar suas organizações para navegar pelas águas da transformação de maneira ética, colaborativa e visionária.

Agora é a hora de olhar para dentro de sua própria organização e se perguntar: como podemos adaptar essas mudanças emergentes à nossa realidade? Que aprendizagens podemos levar para este novo ciclo? Somente refletindo sobre essas questões, poderemos nos posicionar firmes de frente para o que vem por aí, prontos para conduzir nossas organizações rumo ao futuro.

Estamos em um precipício tecnológico, e a forma como decidirmos avançar definirá não apenas o sucesso de nossas práticas de governança, mas também o legado que construiremos para as futuras gerações de líderes. Portanto, ao moldar o futuro da governança de TI, abracemos a inovação com coragem, sempre respeitando os valores que representam as fundações de cada uma de nossas instituições.

Essa jornada apenas começa, e cada passo deve ser dado com cautela e visão. Que passos você está planejando dar para garantir que sua organização não apenas se adapte, mas que prospere nesse novo cenário? A ansiosa espera por transformações palpáveis nesse campo doravante será vital para a sobrevivência e crescimento das organizações.

Capítulo 8: Medindo o Sucesso da Governança de TI

A importância da medição para o sucesso das práticas de governança de TI é um tema que deve ser explorado com seriedade. Em um mundo corporativo repleto de incertezas, a adoção de métricas eficazes pode determinar não apenas o sucesso de uma iniciativa, mas também a sustentabilidade da estratégia de governança de TI de uma organização. Muitas empresas navegam no escuro, confiando em decisões baseadas na intuição ao invés de dados concretos. Isso pode levar a fracassos que poderiam ter sido evitados. Por exemplo, uma renomada empresa de telecomunicações investiu enormemente na modernização de seus sistemas de TI com pouca ou nenhuma forma de avaliação do progresso. Sem as métricas certas, a empresa não só falhou em atingir suas metas, como também desperdiçou recursos preciosos.

Os KPIs (Indicadores-Chave de Performance) se mostram fundamentais nesse cenário, funcionando como faróis que guiam o caminho pelos mares turbulentos das decisões corporativas. Empresas que abraçam KPIs específicos e relevantes, como o ROI, a satisfação do cliente e a eficiência operacional, conseguem não apenas monitorar seu desempenho, mas também ajustar suas estratégias em tempo real. Um estudo de caso da empresa internacional de fintech, por exemplo, demonstrou que, ao implementar um sistema de medição robusto, puderam aumentar a retenção de clientes em 35%. Isso não foi resultado de um esforço isolado, mas sim da análise precisa de como as iniciativas estavam realmente impactando a experiência do usuário.

Medir o sucesso da governança de TI vai além do simples acompanhamento de números. Trata-se de entender o que essas métricas realmente significam para o negócio e como elas podem ser utilizadas para impulsionar a melhoria contínua. O conceito de medição deve ser integrado à cultura organizacional — não enxergado como uma tarefa extra ou uma imposição, mas como uma oportunidade de aprendizado e crescimento. Esse ponto nos leva a considerar o caso de uma empresa farmacêutica que, ao adotar uma mentalidade voltada para resultados, criou uma equipe multifuncional dedicada à análise deKPIs. Eles descobriram que, a cada nova medição e ajuste feita, a produtividade e a moral dos colaboradores melhoraram significativamente.

Dessa forma, a mensuração se torna uma ferramenta poderosa, alimentando um ciclo de feedback que refina as operações de TI e assegura alinhamento com as metas estratégicas da organização. Como aspecto essencial da governança de TI, a medição fornece dados que não apenas evidenciam sucessos, mas também identificam áreas que necessitam de atenção antes que se tornem problemas críticos.

Nessa nova perspectiva, seguimos em nossa jornada, explorando as inúmeras dimensões da medição e desvendando os segredos que podem ajudar a transformar cada indicador em um motor de sucesso. O objetivo é claro: construir uma base sólida onde a medição não seja apenas um ritual corporativo, mas um elemento vital que compõe a própria essência da governança de TI.

As métricas fazem parte da essência da governança de TI, e neste bloco do capítulo, mergulharemos no universo dos KPIs. A definição clara de KPIs (Indicadores-Chave de Performance) é fundamental para o sucesso de uma estratégia de governança. Eles são as bússolas que guiam as organizações em direção a seus objetivos, permitindo o monitoramento contínuo e a adaptação às circunstâncias em constante mudança.

Para que os KPIs sejam eficazes, é imprescindível que eles sejam alinhados com os objetivos corporativos. Por exemplo, em uma empresa do setor de varejo, monitorar o ROI (Retorno sobre

Investimento) em investimentos de tecnologia pode revelar se as iniciativas de TI estão trazendo os resultados esperados. O ROI não é só um número; ele exprime o impacto real das iniciativas e sua relação direta com o crescente faturamento da empresa. Uma companhia que, ao perceber um ROI positivo, decidiu reinvestir em tecnologia, conseguiu ampliar significativamente seu alcance no mercado e até aprimorar seu relacionamento com os clientes. Esse é o tipo de insight que um KPI bem definido pode trazer.

Além do ROI, a satisfação do cliente é outro KPI que não pode ser negligenciado. Medir a satisfação por meio de pesquisas e feedback direto é essencial para entender as necessidades do consumidor e aprimorar produtos e serviços. O exemplo de uma fintech que ouviu os anseios de seus clientes e, após implementar mudanças em seus serviços, aumentou a satisfação do cliente em 40% é ilustrativo. A agradação dos usuários se traduziu diretamente em lealdade, resultando em um crescimento da base ativa da empresa e na atração de novos públicos.

E o que dizer da eficiência operacional? Esse KPI pode ser medido por diversos métodos, incluindo o tempo de resposta e a produtividade das equipes de TI. Por exemplo, uma organização que implementou um sistema de monitoramento da eficiência operou com uma redução de 25% nos tempos de espera, melhorando drasticamente sua capacidade de resposta ao mercado. Isso não só se traduziu em melhor desempenho dentro da empresa, mas também proporcionou um atendimento ao cliente inigualável, criando um ciclo virtuoso de otimização.

Claro, para que a mensuração dessas métricas se concretize, as organizações precisam de processos de coleta de dados robustos e a utilização de ferramentas analíticas que ajudem a traduzir números em insights. Ferramentas de big data e análise preditiva têm se mostrado aglomeradoras de oportunidades, permitindo que os gestores façam ajustes com base em dados reais em vez de simples suposições. Um estudo realizado por uma empresa de telecomunicações demonstrou que, ao utilizar dados analíticos, conseguiram antecipar tendências e ajustar sua estratégia, resultando em um aumento de 30% na retenção de clientes em doze meses.

À medida que traçamos esse panorama detalhado, é necessário reforçar que a implementação de KPIs não deve ser vista como uma tarefa única. A eficácia de Indicadores-Chave de Performance reside em seu caráter dinâmico. As empresas precisam rever e, se necessário, reconfigurar suas métricas de forma regular, adaptando-se às demandas do mercado e às mudanças nas prioridades internas.

Dessa forma, neste bloco, não só exploramos quais KPIs são essenciais, mas também procuramos destacar como uma gestão eficaz desses indicadores pode gerar resultados incontroversos, transformando dados em ação e estratégias concretas em crescimento e sustentabilidade.

Como sua organização pode utilizar essas lições sobre KPIs para garantir o sucesso na governança de TI? Que métricas você considera críticas para seu contexto? A busca por respostas a essas perguntas será um passo fundamental para direcionar o futuro de sua governança.

A mensuração do sucesso na governança de TI não é um mero ritual corporativo ou uma coleção de gráficos e números. Trata-se de um verdadeiro processo de compreensão do que esses dados representam para a saúde e a sustentabilidade de uma organização. Neste bloco, vamos explorar casos concretos que ilustram como a definição e a aplicação de KPIs adequados podem transformar uma empresa, destacando não apenas os sucessos, mas também as lições aprendidas ao longo do caminho.

Um exemplo poderoso é o da DataCorp, uma empresa de análise e big data. A DataCorp percebeu que, apesar de seu crescimento, não possuía um sistema robusto para medir o impacto de suas iniciativas de TI em relação às metas de negócios. Por essa razão, decidiram adotar um conjunto de KPIs que não apenas incluía o ROI, mas também a satisfação do cliente e o tempo de resposta a problemas técnicos.

Após alguns meses de implementação, parte significativa de sua equipe começou a trabalhar com foco nestes indicadores. O resultado foi um aumento de 50% na satisfação dos clientes, além de uma redução de 35% nos tempos de resposta. Os colaboradores relatavam um sentimento de realização, uma vez que suas contribuições estavam agora claramente refletidas nos resultados da empresa. Mais importante do que os números, foi a mudança na cultura organizacional. A equipe aprendeu a ver a mensuração não como uma ameaça, mas como uma oportunidade de crescimento e desenvolvimento.

Um outro caso iluminador é o da HealthTech, uma startup do setor de saúde que utilizou a tecnologia para transformar seus serviços. Insatisfeita com a forma como suas iniciativas de TI estavam sendo aplicadas, a equipe da HealthTech instaurou uma série de KPIs focados na eficiência operacional, na cobertura de atendimento e na experiência do usuário. Com um olhar atento a essas métricas, observaram que poderiam reduzir a taxa de reclamações dos usuários de 20% para apenas 5% em um ano.

A partir daí, a HealthTech não apenas ganhou um reconhecimento extraordinário no mercado, mas também estabeleceu um novo padrão para a indústria. O mapeamento cuidadoso de suas métricas tornou-se um exemplo que inspirou outras organizações a seguirem o mesmo caminho. A partir das experiências que vivenciaram, ficaram evidentes as várias nuances sobre a importância da mensuração. A mentalidade de não simplesmente reportar cifras, mas de compreender os resultados para evoluir, tornou-se uma filosofia presente na companhia.

Por fim, a InsuranceCorp, uma gigante do setor de seguros, encontrou uma reviravolta em sua governança ao incorporar KPIs que focavam em aspectos de compliance e risco. Antes disso, sua abordagem era predominantemente reativa, limitando-se a resolver problemas depois que estes surgiam. Com a nova estrutura de medições, a InsuranceCorp conseguiu não apenas evitar problemas antes que ocorressem, mas também aprimorou a confiança de seus clientes. Ao perceber que esse foco proativo em riscos não apenas reduzia custos, mas também incrementava a imagem da marca, perceberam que um bom KPI está longe de ser um número de performance; é um relato completo das experiências do cliente e um reflexo da ética corporativa.

Esses casos nos mostram que, embora cada organização tenha suas particularidades, a chave para o sucesso reside na implementação cuidadosa de métricas que não apenas ajudem a medir, mas que promovam um aprendizado contínuo. As lições extraídas desses sucessos e fracassos ilustram a importância de um sistema de mensuração que não se limita aos números, mas que busca a transformação fundamental dos processos e relações dentro da organização.

Como sua organização pode aplicar esses ensinamentos sobre mensuração para garantir não apenas resultados palpáveis, mas para cultivar um ambiente de aprendizado e crescimento contínuo? Reflita sobre a importância de construir uma cultura de medição que não apenas dirija as decisões, mas que também estabeleça uma conexão genuína entre a prática de TI e os objetivos estratégicos da empresa. É nesse sentido que a governança de TI se torna um facilitador crucial, transformando dados em decisões que moldam o futuro.

Construir uma cultura organizacional voltada para a medição e a melhoria contínua é um desafio que requer compromisso e colaboração em todos os níveis da empresa. É crucial que todos os colaboradores sintam que a medição não é uma punição, mas sim uma oportunidade de crescimento e desenvolvimento. Para isso, as equipes de liderança devem cultivar um ambiente onde a comunicação é aberta e os feedbacks são encorajados, criando um espaço psicológico seguro, onde o erro é visto como parte do processo de aprendizado.

Ao implantar disciplinas de medição, a empresa deve oferecer treinamentos e workshops que envolvam todos os colaboradores na importância dos KPIs, explicando detalhadamente como cada um deles impacta nos resultados gerais da organização. Um exemplo inspirador vem da empresa TechMind, que, ao envolver seus funcionários nas discussões sobre a criação e escolha de KPIs, viu a moral das equipes aumentarem significativamente. Os colaboradores passaram a se sentir parte do processo e, consequentemente, sua produtividade disparou.

É fundamental também que o sistema de medição seja claro e acessível. As empresas devem estabelecer processos de coleta de dados que sejam reflexivos e que garantam a qualidade das informações. Ferramentas de visualização de dados podem ser utilizadas para traduzir informações técnicas em gráficos que sejam intuitivos e compreensíveis para todos, independente da formação técnica do colaborador. O uso de dashboards dinâmicos, por exemplo, permite que as equipes possam acompanhar seu desempenho em tempo real e ver claramente como suas ações individuais se traduzem em resultados coletivos.

Vivenciar uma cultura de medição requer elementos que impulsionem a inovação e permitam que as operações sejam constantemente refinadas. Neste sentido, técnicas de desenvolvimento ágil podem servir como aliadas, incentivando ciclos de feedback curtos e reuniões regulares que identifiquem o que está funcionando e o que não está. Um ciclo de revisão semanal pode trazer uma imersão nas métricas e permitir que todos do time estejam na mesma página, compartilhando sucessos e desafios.

Ao estimular um ambiente onde a medição é uma prática contínua e integrada ao DNA da organização, não se trata apenas de garantir que os resultados sejam mensuráveis, mas sim de cultivar uma mentalidade de excelência. Logo, colaboradores que sentem o impacto de suas contribuições tendem a se envolver mais e, consequentemente, a empresa associa as medições a um propósito maior, que é a busca pela melhoria contínua.

Além das medidas práticas e técnicas, é a narrativa de cada colaborador e a troca de experiências entre equipes que realmente estimulam a cultura de medição. Histórias inspiradoras de superação e aprendizado podem ser compartilhadas em newsletters internas ou eventos da empresa, ampliando o engajamento e instigando o senso de comunidade.

Por fim, construir essa cultura essencial não é uma tarefa fácil. É um exercício de paciência e resiliência. No entanto, o retorno sobre o investimento é extraordinário, uma vez que empresas que abraçam a medição e a melhoria contínua estão preparadas para navegar as incertezas do amanhã e se destacarem em sua capacidade de adaptação e inovação. Como sua organização pode começar a cultivar essa mentalidade de medição e aprendizado contínuo? Quais passos você pode dar já hoje para iniciar essa transformação?

Capítulo 9: Comunicação e Gestão de Stakeholders

Em tempos de aceleradas transformações digitais, muitos se perguntam qual é o verdadeiro diferencial que separa as organizações de sucesso das demais. Uma resposta clara surge: a comunicação eficaz. A governança de TI não se sustenta apenas em frameworks e métricas, mas nas conexões humanas que elas promovem. É por meio da comunicação estruturada que os líderes conseguem alinhar expectativas, engajar colaboradores e fomentar um ambiente de colaboração que é vital para a inovação.

Uma empresa de tecnologia, a TechMinds, ilustra perfeitamente essa realidade. Ao observar um cenário marcado por conflitos e desentendimentos entre as equipes de TI e de negócios, decidiu impulsionar uma mudança. Implementou um programa de comunicação que incentivava o diálogo aberto, promovendo reuniões regulares onde todos podiam falar sobre desafios e ideias sem serem interrompidos. O resultado foi impactante — ao final de um ano, a satisfação interna aumentou em 45%, e a produtividade disparou. Essa transformação foi possível não apenas pela implementação de um novo protocolo, mas pela criação de um espaço seguro para a troca de ideias.

Além disso, o cenário de falhas comunicativas não é um caso isolado. Muitas organizações enfrentam crises que poderiam ser evitadas se houvesse uma comunicação genuína e transparente. Um caso notório envolveu uma indústria farmacêutica que, ao lançar um novo produto, ignorou o feedback de seus representantes de vendas. O desentendimento levou a uma campanha de marketing que não ressoou com o consumidor final. Após uma análise, perceberam que a falta de diálogo entre as áreas tinha sido o verdadeiro vilão, resultando em um investimento massivo que não trouxe os resultados esperados.

Por isso, construir uma comunicação sólida deve ser uma prioridade estratégica. As organizações que desejam prosperar precisam ir além do simples compartilhamento de informações. Elas devem cultivar relacionamentos, inspirar confiança e fomentar a colaboração. Os líderes devem atuar como facilitadores dessa comunicação, garantindo que todos, desde a alta gestão até os colaboradores da linha de frente, sejam ouvidos e seus pensamentos valorizados.

Uma prática efetiva para isso é a adoção de uma framework de comunicação adaptativa que permita avaliar e ajustar as estratégias ao longo do tempo. Isso pode incluir a implementação de novas ferramentas digitais que facilitem o compartilhamento de ideias e a transparência na comunicação. Por exemplo, plataformas como Slack e Microsoft Teams têm revolucionado a maneira como as equipes se comunicam, tornando o diálogo não apenas mais rápido, mas também mais inclusivo.

Neste primeiro bloco, abordaremos como uma comunicação eficaz permeia todas as camadas da governança de TI, estabelecendo as bases para um ambiente colaborativo onde cada stakeholder se sinta valorizado e parte do processo. O próximo passo será explorar como identificar e mapear os stakeholders que são essenciais nessa equação.

A identificação e o mapeamento dos stakeholders revelam-se essenciais para a governança de TI, funcionando como o alicerce sobre o qual se constrói uma estratégia de comunicação eficaz. Para isso, começamos a compreender quem são esses stakeholders e como eles influenciam diretamente as práticas e decisões na área de tecnologia da informação.

Os stakeholders podem ser divididos basicamente em dois grupos: internos e externos. Os internos incluem colaboradores, gerentes de projeto, executivos e todos aqueles que operam dentro da organização; enquanto os externos correspondem a clientes, fornecedores, acionistas e até à regulamentação imposta por órgãos governamentais. Cada grupo possui interesses, objetivos e níveis de poder distintos, o que torna crucial entender seu papel e a importância que cada um deles desempenha dentro da estrutura organizacional.

Uma ferramenta eficaz para realizar essa identificação é a matriz de poder e interesse. A matriz permite visualizar quais stakeholders têm maior influência e como suas necessidades devem ser priorizadas ao longo das comunicações e interações. Por exemplo, um executivo de alto nível pode ter um interesse crítico nas decisões de TI, pois elas afetam diretamente a estratégia global da empresa. Já um colaborador em um nível mais operacional pode estar mais preocupado em entender como as mudanças na tecnologia afetarão seu dia a dia de trabalho.

Ao realizar o mapeamento, é essencial ir além do simples reconhecimento de nomes. Isso envolve uma análise profunda sobre suas motivações. Um estudo de caso interessante pode ser observado numa empresa multinacional que enfrentou dificuldades significativas por subestimar os interesses de um grupo importante de stakeholders, os gestores de linha de frente. Ao negligenciarem as preocupações desses colaboradores sobre a implementação de uma nova ferramenta de TI, a empresa enfrentou resistência generalizada e uma queda significativa na produtividade.

Por outro lado, empresas que adotaram uma abordagem proativa, como a AF Corp, realizaram workshops para coletar feedback dos seus colaboradores e envolvê-los nas decisões de tecnologia. O resultado foi não apenas um aumento de 40% na aceitação das novas ferramentas de TI, mas também um engajamento muito maior das equipes, que se sentiram valorizadas e parte do processo.

Portanto, o planejamento da comunicação com os stakeholders não deve se limitar a uma abordagem reativa, onde se responde às questões apresentadas. Uma comunicação efetiva requer um esforço contínuo para entender as complexidades e dinâmicas em jogo, estabelecendo um sistema no qual os stakeholders se sintam ouvidos e engajados. Ao construir esse relacionamento, a administração de TI não só ganha apoio nas implementações, mas também promove um ambiente de colaboração onde a inovação pode florescer.

O próximo passo será explorar estratégias de comunicação que assegurem o engajamento de todos os stakeholders, transformando essa base de entendimento em ações concretas que façam a diferença na governança da tecnologia da informação. Como sua organização pode aplicar essas estratégias para fortalecer seu relacionamento com os stakeholders e, assim, garantir resultados positivos nas iniciativas de TI? Essas são as questões que devemos abordar no próximo bloco, a fim de promover uma comunicação robusta e dinâmica que impulsione a governança para patamares extraordinários.

A comunicação eficaz não é apenas uma habilidade, mas uma arte que se entrelaça com a essência da governança de TI, servindo como ponte entre as diversas partes da organização. Ao adentrarmos este terceiro bloco do capítulo 9, vamos explorar estratégias de comunicação que transcendem o simples ato de trocar informações. O foco será engajar os stakeholders de maneiras que inspiram, motivam e promovem uma colaboração genuína.

Uma técnica poderosa nessa jornada é o **storytelling**. Ao contar histórias, conseguimos não só informar, mas também conectar emocionalmente. Imagine, por exemplo, um líder de projeto que começa uma apresentação descrevendo o impacto da nova ferramenta de TI em uma equipe que enfrentava dificuldades. A descrição vívida do dia a dia dessas pessoas, seus desafios e suas pequenas vitórias ao usar a nova tecnologia transforma dados frios em experiências humanas. Essa abordagem facilita a compreensão e cria empatia. Pessoas se lembram mais de como se sentiram do que do que foi dito. Portanto, é vital que a narrativa não seja apenas clara, mas também autêntica, refletindo a cultura e os valores da organização.

Além disso, durante as comunicações regulares, a implementação de **feedback construtivo** é essencial para manter o diálogo aberto. Deixar claro que as opiniões dos stakeholders são valorizadas não só aumenta o moral da equipe, mas também promove um ambiente onde todos se sentem a vontade para contribuir. Um exemplo prático é a organização de reuniões de feedback pós-projetos, onde os envolvidos podem compartilhar suas experiências, discutir o que funcionou e identificar áreas de melhoria. Essa prática não apenas gera aprendizado coletivo, mas também fortalece relações e construí uma confiança mútua.

É importante abordar também a utilização de **ferramentas digitais** que facilitam a comunicação transparente. Ferramentas como Slack, Microsoft

Teams ou até mesmo plataformas de gerenciamento de projetos, como Trello e Asana, promovem uma comunicação fluida e integrativa. A capacidade de todos terem acesso a atualizações em tempo real, compartilhar documentos e discutir em um fórum comum elimina silos informativos e torna cada parte do processo mais coesa.

Um exemplo inspirador vem da empresa AlphaTech, que decidiu investir em tecnologia para melhorar a comunicação entre suas equipes. Ao introduzir uma plataforma colaborativa, não só aumentaram a eficiência do trabalho como também descobriram que o engajamento dos colaboradores aumentou em 60%. Os funcionários relatavam sentir-se mais conectados à missão da empresa, e essa sensação de pertencimento resultou em um discurso positivo entre todos.

Ao firmar uma cultura de diálogo aberto e colaborativo, as organizações não apenas garantem que os projetos de TI sejam bem-sucedidos, mas também que todos os stakeholders estejam engajados e comprometidos. Para alcançar isso, é fundamental que as comunicações sejam planejadas com cuidado, visando sempre o aprimoramento das relações internas e a maximização do potencial humano.

Assim, ao aplicar essas estratégias de comunicação, você não só impulsiona a governança de TI, mas também cria um ambiente organizacional mais forte e coeso, onde cada funcionário se sente um agente ativo na busca por resultados notáveis. Portanto, como sua organização pode cultivar essa cultura de comunicação e engajamento? Pense nas mudanças que podem ser implementadas já hoje para criar um impacto profundo e duradouro nas relações de trabalho.

Medindo o Engajamento e a Eficácia da Comunicação

Para que a comunicação na governança de TI seja efetiva, é imprescindível que as organizações não apenas apliquem estratégias de engajamento, mas também avaliem seu impacto. Vamos nos aprofundar em como você pode medir o engajamento dos stakeholders e a eficácia das comunicações adotadas, construindo um sistema de feedback que permitirá ajustes contínuos e melhorias.

Um dos principais indicadores que podem ser utilizados nesse processo é a taxa de participação em reuniões e eventos propostos. Essa métrica revela não apenas o nível de interesse dos stakeholders, mas também a eficácia da comunicação realizada em relação à convocação e engajamento. Por exemplo, em uma instituição financeira, a alta administração implementou um novo formato de reunião, onde a participação aumentou 50% após a introdução de um formato interativo que incentivava a contribuição de todos. Essa mudança não só melhorou o moral dos colaboradores, mas também resultou em decisões mais bem informadas e coletivas.

Outro KPI a ser considerado é a satisfação dos colaboradores com as comunicações internas, que pode ser avaliada através de pesquisas regulares. Realizar essas investigações permite identificar áreas em que a comunicação falha em atender as expectativas e quão bem os colaboradores se sentem informados sobre as diretrizes e mudanças da organização. Uma pesquisa realizada em um hospital local indicou que 75% dos profissionais de saúde sentiam-se mal informados sobre as atualizações de TI, levando a uma série de ajustes que finalmente promoveram um ambiente mais colaborativo e eficiente.

Ademais, o uso de plataformas cloud para feedback instantâneo pode ser uma ferramenta poderosa. Portais como SurveyMonkey ou Google Forms permitem que os colaboradores compartilhem suas percepções sobre a comunicação de forma anônima e simplificada, criando uma cultura de feedback aberto. Um exemplo que merece destaque é o de uma startup no setor de tecnologia, que adotou esse sistema e conseguiu um aumento de 80% no feedback construtivo, resultando em uma melhoria efetiva nas políticas de comunicação interna.

Realizar essas medições não apenas fornece insights valiosos, mas, mais importante, demonstra aos stakeholders que suas opiniões são consideradas e valorizadas. Isso cria um ciclo virtuoso de confiança e engajamento, sendo um forte impulsionador do sucesso das iniciativas de governança.

Ao final deste capítulo, refletir sobre como sua organização pode incorporar essas práticas é um passo crucial. Desenvolver um sistema para medir e avaliar a comunicação não é apenas uma questão técnica, mas uma forma de reconhecer e honrar as vozes de todos os envolvidos. Lembre-se: a eficácia da governança de TI depende diretamente do quanto conseguimos nos conectar, entender e integrar as perspectivas e interesses de todos os stakeholders. Como sua organização está preparada para implementar essas medições e garantir um futuro colaborativo e bem-sucedido? Reflita sobre isso, e tome a iniciativa de transformar a forma como se comunica no ambiente corporativo, isso será decisivo para a sua jornada na governança de TI.

Capítulo 10: Gerenciamento de Risco em TI

No mundo empresarial contemporâneo, navegar pelas águas turbulentas da transformação digital requer uma minuciosa avaliação dos riscos associados, especialmente quando se trata da tecnologia da informação. Ao lidar com dados sensíveis, sistemas críticos e uma infinidade de stakeholders, a gestão de riscos se torna não apenas uma formalidade, mas uma necessidade vital para a sobrevivência e prosperidade de qualquer organização. A compreensão de que a tecnologia, embora um motor de progresso, também pode representar uma grande ameaça é o primeiro passo para estabelecer uma governança de TI robusta e eficaz.

Risco, em seu significado mais amplo, é a probabilidade de que um evento adverso ocorra, resultando em um impacto negativo sobre os objetivos de uma organização. No que se refere à tecnologia, esses riscos podem variar desde falhas de sistema, violações de segurança de dados, até a ineficácia na implementação de novas tecnologias. Um exemplo emblemático foi o caso de uma empresa de telecomunicações que enfrentou uma enorme crise após a falha de um sistema de segurança, resultando não apenas em uma perda significativa de dados, mas também em uma mancha permanente na sua reputação. Esse tipo de falha não apenas afeta os resultados financeiros, mas também gera desconfiança entre clientes e parceiros.

Por isso, uma gestão de risco adequada é fundamental. Isso implica em visualizar os riscos não apenas como obstáculos, mas como elementos a serem geridos. A falta de uma abordagem estruturada de gestão de riscos pode levar a consequências devastadoras. Por exemplo, a falha em realizar uma avaliação de riscos em um projeto de migração para a nuvem deixou uma conhecida empresa automotiva exposta a sérios desafios técnicos e de segurança, culminando em um lançamento atrasado e uma perda significativa de market share.

Portanto, a implementação de uma estratégia de gerenciamento de riscos começa com o reconhecimento e a avaliação cuidadosa dos riscos envolvidos. Isso não se limita a identificar as ameaças, mas também a entender suas causas e potenciais consequências. Práticas reais de empresas que se destacam nesse aspecto, como a Digital Innovators, mostram que estabelecer um comitê de gerenciamento de riscos e conduzir avaliações frequentes ajuda a mitigar problemas antes que estes se tornem críticas.

Assim, ao entrarmos mais profundamente nos fundamentos da gestão de risco em TI, seremos capazes de traçar um caminho que não apenas proteja os ativos da organização, mas também promova uma cultura de antecipação e resiliência. O próximo segmento abordará as técnicas e ferramentas indispensáveis para uma identificação e avaliação eficaz de riscos, proporcionando o conhecimento necessário para transformar o gerenciamento de riscos em uma vantagem competitiva, e não em uma obrigação. Como a sua organização pode integrar essa perspectiva dinâmica na governança de TI e, assim, fortalecer suas defesas frente a incertezas? Essa será a nossa próxima reflexão.

Identificar e avaliar riscos em projetos de TI é um aspecto essencial para garantir não apenas a sobrevivência, mas a prosperidade das organizações. À medida que seguimos neste capítulo, entraremos de cabeça em técnicas práticas de identificação e avaliação que podem transformar a maneira como sua empresa se prepara para enfrentar possíveis desafios.

Uma das metodologias mais utilizadas é a **análise qualitativa e quantitativa de riscos**. A análise qualitativa permite classificar os riscos de acordo com a sua probabilidade de ocorrência e impacto potencial. Por exemplo, uma equipe de TI pode realizar uma sessão de brainstorming onde colaboradores, de diferentes níveis da organização, levantam possíveis riscos associados a um novo projeto ou tecnologia. Essa contribuição coletiva não apenas traz diferentes perspectivas, mas também aumenta a conscientização sobre os possíveis problemas antes mesmo de eles surgirem.

Após essa primeira rodada de identificação, a próxima etapa é criar uma **matriz de risco**. A matriz é uma ferramenta visual que facilita a priorização dos riscos identificados, sendo usada para mapear visualmente a severidade versus a probabilidade. Ao utilizar a matriz, um risco com alta probabilidade e alto impacto, como uma violação de segurança de dados, deve ser abordado com a máxima urgência, enquanto riscos com baixa probabilidade e impacto, como falhas estruturais menores, podem ser monitorados mais de perto, mas com menos recursos imediatos.

Um estudo de caso que ilustra bem o uso da matriz de risco é o da empresa LogiTech, que, ao iniciar a digitalização de seus processos, implementou um comitê onde membros das equipes de TI e operações se reuniam regularmente para revisar e atualizar sua matriz de risco. Com isso, conseguiram minimizar os impactos de uma migração problemática para a nuvem ao identificar e mitigar riscos associados a compatibilidades de software. A abordagem proativa resultou em uma economia de tempo e recursos e ajudou a estabelecer um forte vínculo entre as equipes envolvidas.

As **entrevistas estruturadas** e **checklists** também se mostraram extremamente eficazes na avaliação de riscos. Durante as entrevistas, os participantes são incentivados a discutir suas preocupações e insights sobre o projeto em andamento. Isso pode revelar riscos ocultos que não foram considerados nas reuniões iniciais. Além disso, os checklists, que listam riscos comuns associados a iniciativas anteriores, asseguram que a equipe não negligencie possíveis problemas que já causaram dificuldades no passado.

Integrar uma **equipe multidisciplinar** nesse processo é fundamental. A diversidade de experiências e expertises traz à tona uma gama de riscos que poderiam passar despercebidos em um ambiente homogêneo. Além disso, isso cria um sentimento de propriedade e colaboração. Ao convidar trabalhadores de diferentes setores a contribuir para o entendimento dos riscos, sua organização não só detecta problemas potenciais mais cedo, mas também fomenta um ambiente de confiança e diálogo.

Encaminhando-se para a próxima etapa, como sua organização pode aplicar essas técnicas de identificação e avaliação de risco para garantir que esteja sempre à frente de potenciais ameaças? Pense na importância de rever continuamente suas estratégias e envolver diferentes vozes nesse processo robusto. Esse esforço não só protegerá seus ativos, mas cultivará uma cultura organizacional resiliente, capaz de se adaptar e reagir rapidamente às incertezas do cenário atual. Como os próximos passos de sua empresa poderão ser reforçados pelas lições discutidas aqui? Essa é a reflexão que nos conduz adiante.

Implementar estratégias de mitigação e respostas a riscos é um passo crucial no gerenciamento eficaz de riscos em Tecnologia da Informação. Nesta etapa, vamos trabalhar os elementos que compõem um programa de mitigação robusto e como podem ajudar a minimizar os impactos negativos para a organização.

Uma das principais estratégias de mitigação é o **planejamento de resposta a incidentes**. Este plano deve incluir medidas detalhadas sobre como a organização reagirá à ocorrência de eventos adversos, assegurando que todos na equipe saibam exatamente o que fazer. Um exemplo impactante disso pode ser observado na empresa SecureData, que, após uma fase de identificação de riscos, formalizou um plano que descrevia as ações a serem tomadas em caso de violação de dados. Com um manual em mãos, que incluía desde a comunicação a ser feita com os stakeholders até os canais de suporte aos clientes, a empresa conseguiu conter a situação com muito mais eficiência, minimizando não só danos financeiros, mas também sua reputação.

A **prevenção** também deve ser vista como uma prática contínua. Isso envolve criar protocolos que impeçam que os riscos se concretizem. Por exemplo, na implementação de novas tecnologias, realizar testes-piloto limitados é uma forma eficaz de identificar e corrigir problemas antes de um lançamento em larga escala. Vários casos de falhas em grandes empresas poderiam ter sido evitados se houvesse uma avaliação pequena e controlada dos novos sistemas antes de uma integração total. A SoftCorp, por exemplo, introduziu uma nova suite de ferramentas de TI em fase de testes com um grupo reduzido, o que lhes permitiu corrigir falhas cruciais sem um grande impacto na operação geral.

Outro aspecto fundamental é a educação e a **treinamento de pessoal**. As organizações precisam garantir que todos os colaboradores, especialmente aqueles nas áreas mais críticas da TI, conheçam os riscos associados a suas funções. Promover sessões de treinamento regulares e workshops ajuda não apenas na conscientização sobre segurança, mas também em como identificar comportamentos de risco. Um caso fortemente iluminador acontecia na FortiCompany, onde, após um escopo extenso de workshops sobre segurança de dados, o número de tentativas de phishing reportadas pelos colaboradores cresceu drasticamente. Isso não só ajudou a proteger a empresa, mas também cultivou uma mentalidade colaborativa em relação à segurança da informação.

Além disso, a **comunicação clara** durante a gestão de crises é indispensável. Criar uma linha de comunicação sólida não apenas entre os membros da equipe, mas também entre todos os stakeholders externos, é crucial. Em momentos de crise, como uma violação de dados, a transparência não só reconstrói a confiança dos clientes à medida que a empresa reage, mas também assegura que todos estejam na mesma página com respeito às ações tomadas a respeito do problema.

Impulsionar uma cultura organizacional que priorize a mitigação e a pronta resposta a riscos significa tornar essas práticas parte do DNA da empresa. Isso se traduz em um compromisso coletivo. Um exemplo inspirador é a LaborTech, que criou um programa de reconhecimento que premia esforços excepcionais no manejo e mitigação de riscos, incentivando todos a serem vigilantes e proativos.

Concluindo esta seção, perceber que a mitigação de riscos não existe em um vácuo, mas é um esforço contínuo que envolve planejamento, treinamento, comunicação e a integração de estratégias entre as diversas partes da organização. As organizações que adotam essa mentalidade se colocam em uma posição privilegiada não apenas para sobreviver a crises, mas para crescer e inovar em meio a adversidades.

Como você pode começar a implementar essas medidas na sua empresa? Quais ações podem ser tomadas já amanhã para garantir que sua organização esteja um passo à frente quando se trata de gestão de riscos? Essas reflexões são as sementes que podem germinar em um futuro mais seguro e sustentável para todos os envolvidos.

O gerenciamento de risco em TI não termina na definição de planos de resposta e mitigação; é crucial estabelecer um processo robusto de monitoramento e melhoria contínua. Neste último bloco do capítulo 10, nos debruçaremos sobre as práticas que não apenas mantêm a integridade das ações de governança em TI, mas também promovem uma cultura de adaptação e aprimoramento.

Uma ferramenta indispensável para o monitoramento de riscos é a **uso de softwares específicos**. Ferramentas como RiskWatch e GRC (Governance, Risk Management, and Compliance) fornecem à gerência de TI uma visão abrangente sobre os riscos em tempo real. Além disso, esses sistemas permitem a automatização do registro e a resposta às questões de conformidade, além de facilitar a visualização das métricas de risco. Um exemplo prático é a empresa SecureTech, que, após implementar uma plataforma de monitoramento, conseguiu reduzir o número de incidentes de segurança pela incrível taxa de 60% em apenas um ano. Essa transformação não aconteceu apenas pela adoção da tecnologia, mas também pela cultura que a empresa promoveu para incentivar e valorizar o reporte de riscos.

Ademais, a **realização de auditorias periódicas** é fundamental. Essas auditorias, que devem ser conduzidas de forma independente, oferecem uma nova perspectiva sobre a eficácia da gestão de riscos. Elas permitem identificar falhas nos planos e fazer ajustes necessários antes que pequenos problemas se tornem crises. Um caso emblemático foi da empresa FinCorp, onde uma auditoria revelou que múltiplos sistemas fragmentados dificultavam a comunicação sobre riscos entre departamentos. A decisão de centralizar a informação em uma plataforma unificada não só eliminou esse problema como gerou um aumento de 35% na eficiência operacional.

A cultura do feedback é outro aspecto vital que fortalece o gerenciamento de riscos. **Estabelecer canais abertos** onde todos os colaboradores se sintam à vontade para relatar preocupações e falhas é essencial. Além disso, a utilização de workshops contínuos ajuda a reforçar a importância do gerenciamento de riscos, incentivando todos os membros da organização, não apenas os da equipe de TI, a serem parte ativa do processo. Assim como a organização HealthFirst fez, onde implementou um programa semanal de troca de experiências, gerando um ambiente onde o compartilhamento de conhecimento se tornou uma prática comum. O resultado foi uma sensibilização maior sobre os riscos e a criação de uma rede de proteção colaborativa interna.

Por último, mas não menos importante, deve-se promover uma **cultura de melhoria contínua**. O ciclo PDCA (Planejar, Fazer, Verificar, Agir) é uma metodologia amplamente utilizada para impulsionar a eficiência. Através dessa prática, uma organização pode não apenas reagir a riscos, mas antecipar-se, reformulando constantemente suas estratégias à luz de novas informações. Examine de forma regular os indicadores de desempenho e as lições aprendidas e incorpore essas gamas de dados nas práticas cotidianas. Por meio disso, uma maior agilidade em responder a mudanças e a constante evolução da abordagem de gerenciamento de risco podem ser almejadas.

À medida que encerramos esse capítulo, é fundamental refletir sobre como o gerenciamento eficiente de riscos pode moldar não apenas o futuro da TI em sua organização, mas também a cultura organizacional como um todo. Reflita: sua organização está preparada para implementar estas práticas e, desse modo, se tornará uma potência na governança de TI? Como sua equipe pode não apenas mitigar os riscos percebidos, mas também prosperar em um ambiente de incerteza, transformando desafios em oportunidades de inovação e crescimento? Essas questões serão o ponto de partida para seu êxito e transformação na jornada de governança em TI, onde cada passo, cada ajuste e cada aprendizado contam para alcançar uma resiliência inabalável.

Capítulo 11: Sustentabilidade da Governança de TI

Ao falarmos sobre sustentabilidade na governança de TI, não podemos deixar de nos atentar à base essencial que molda essa prática: a cultura organizacional. A cultura é a alma de uma empresa, influenciando comportamentos, decisões e, em última análise, a maneira como as práticas de governança são percebidas e executadas. Portanto, a construção de uma cultura que suportar e sustentar a governança de TI requer um esforço consciente e estratégico.

Uma cultura de inovação contínua é vital. É fundamental que as organizações promovam um ambiente onde a adaptabilidade e a mudança sejam não apenas aceitas, mas celebradas. Isso se traduz em encorajar a geração de ideias, a experimentação e a tolerância ao erro. Quando os colaboradores se sentem à vontade para propor novas abordagens, a governança de TI pode se ajustar e melhorar constantemente. Empresas como a Google e a Amazon são exemplos notáveis, onde a cultura de inovação não apenas impulsiona a tecnologia, mas também aprimora sua governança interna, resultando em práticas mais eficientes e resilientes.

Historicamente, empresas que ignoraram a importância da cultura organizacional enfrentaram desafios significativos. Um exemplo impactante é o da Blockbuster, que não conseguiu se adaptar às novas dinâmicas do mercado de entretenimento, resultando em seu colapso. A resistência à inovação e à adaptação não apenas afetou suas operações, mas também sua governança, tornando-a obsoleta em um setor que evoluía rapidamente.

Para cultivar uma cultura colaborativa que suporte a governança de TI, técnicas práticas podem ser implementadas. Promover workshops interdepartamentais, onde equipas de diferentes setores se reúnem para discutir desafios e oportunidades, pode ser uma estratégia eficaz. Isso não só une a empresa em torno de objetivos comuns, mas também permite identificar e mitigar riscos que podem passar despercebidos em silos. No caso da empresa Xylon, a implementação de semanários de inovação trouxe à tona não apenas ideias brilhantes, mas também um fortalecimento dos laços entre os departamentos, resultando em uma governança mais harmoniosa e eficaz.

Contudo, mais do que a implementação de técnicas, é imprescindível cultivar uma mentalidade de aprendizado. Os líderes devem estar dispostos a ouvir e acolher as vozes de seus colaboradores, vestindo a capa de estudantes da cultura organizacional. Por exemplo, a prática de feedback360 permite que todos na organização obtenham um panorama abrangente sobre como as práticas de governança estão sendo percebidas e onde melhorias podem ser feitas. Isso cria um ciclo de feedback que alimenta uma cultura de crescimento e inovação.

Em suma, a sustentabilidade da governança de TI não é um destino, mas uma jornada que exige comprometimento e ação contínua. Assim, pergunte-se: como você pode contribuir para a construção de uma cultura organizacional que suporte e sustente a governança de TI na sua empresa? E, mais importante, quais ações podem ser tomadas a partir de amanhã para que essa cultura se consolide? Enquanto exploramos as próximas seções, refletiremos sobre como a melhoria contínua nas práticas de governança pode se entrelaçar com a cultura organizacional, criando um ciclo virtuoso de adaptação e sucesso.

A melhoria contínua nas práticas de governança de TI representa um elemento fundamental para a resiliência e eficácia organizacional. Não se trata apenas de adotar soluções tecnológicas, mas de criar um ciclo virtuoso de aperfeiçoamento que favoreça a adaptação a mudanças e a superação de desafios. Neste painel, discutiremos a importância da implementação de ciclos de feedback regulares, apresentando exemplos práticos que iluminam essa jornada de transformação.

Para iniciar, a implementação de ciclos de feedback regular é uma estratégia que permite a identificação contínua de áreas que precisam de melhorias e ajustes. Um exemplo significativo é o uso de **últimas análises pós-implementação**, onde uma organização avalia como suas práticas e processos de governança de TI atenderam às expectativas e metas propostas. A cada novo projeto ou mudança importante, envolver a equipe em discussões abertas sobre o que funcionou, o que não funcionou e como pode ser aprimorado se torna uma prática crucial. Assim, os insights obtidos não se tratam apenas de diagnósticos, mas se convertem em combustível para ações concretas que resultarão em melhorias tangíveis.

Como estudo de caso, podemos citar a empresa TechGiant, que adotou uma rotina trimestral de feedback após a implementação de novas aplicações. Durante essas sessões, os colaboradores discutiam a eficácia da integração das tecnologias e identificavam pontos de atrito que poderiam ser suavizados. Essa prática não apenas aumentou a satisfação da equipe e a qualidade do trabalho, mas também gerou um aumento de 25% na eficiência dos processos em um período de seis meses. Esse exemplo representa claramente como a avaliação contínua não é apenas uma formalidade; é uma estratégia operacional que se alinha perfeitamente às exigências de um mercado em rápida mutação.

A criação de uma **cultura de melhoria contínua** também envolve a escolha de ferramentas e métricas para avaliar a eficiência da governança de TI. A aplicação de KPIs (Indicadores-Chave de Desempenho) serve para medir o progresso em áreas específicas, permitindo que os líderes e equipes se orientem com dados precisos e objetivos. Uma métrica simples, mas poderosa, pode ser a 'taxa de resolução de problemas', que indica a rapidez e eficiência da equipe em lidar com incidentes de TI. Companhias que utilizam essa abordagem, como a DataSafe, que registrou uma proporção de 90% de problemas resolvidos em menos de 48 horas, conseguem não só responder às intervenções rapidamente, mas também se antecipar a ocorrências futuras, mostrando um ciclo virtuoso que se retroalimenta.

Além disso, é essencial que a equipe de TI possa compartilhar e codificar o aprendizado acumulado em suas práticas diárias. **Relatórios de lições aprendidas** não devem ser considerados um exercício burocrático, mas devem ser vistos como um percurso vital de aprendizado e adaptação. A partir desse arcabouço, a empresa ParkeConsult conseguiu identificar e eliminar uma série de falhas que promoviam retrabalhos desnecessários, resultando em economias significativas e uma melhoria expressiva na moral da equipe.

Sustentar uma melhoria contínua nas práticas de governança de TI e integrar esses aprendizados na cultura organizacional se revela um verdadeiro diferencial competitivo. Turbinar esse ciclo implica em um comprometimento coletivo para buscar não apenas eficiência, mas uma evolução constante que atenda aos novos desafios e às expectativas do mercado.

E então, como sua organização pode aplicar esses princípios para garantir que a melhoria contínua não seja apenas uma aspiração, mas um elemento inerente à sobrevivência e crescimento? Que passos concretos você pode tomar já amanhã para iniciar esse ciclo de transformação? Essas questões serão cruciais para definir o caminho a ser trilhado, alinhando práticas a resultados tangíveis e sustentáveis no futuro da governança de TI. Com uma mentalidade aberta à mudança e um compromisso inabalável com a aprendizagem, sua organização pode não apenas seguir as tendências, mas, de fato, ser um líder no setor, moldando o futuro a sua maneira.

Como as empresas navegam pelo cenário tecnológico moderno, a adaptabilidade à nova realidade e às crescentes demandas do mercado se torna um imperativo quase existencial. Neste terceiro bloco do nosso capítulo, vamos explorar a adaptabilidade da governança de TI, enfatizando a importância de se estar alinhado às tendências emergentes e tecnologias disruptivas. Na prática, como um vetor essencial de mudança, a governança de TI deve também evoluir para incorporar inovação contínua.

Primeiramente, é fundamental analisar as **tendências emergentes** que moldam o futuro do setor, tais como a inteligência artificial (IA), a automação e a computação quântica. Estas tecnologias não são meramente uma adição às já existentes, mas, antes, ferramentas que redefinem o panorama da governança de TI. Um estudo recente destacou que empresas que já estavam integrando inteligência artificial em suas operações reportaram um aumento de 30% na eficiência operacional, resultando em um impacto positivo nas práticas de governança e na capacidade de mitigação de riscos aliados ao novo ambiente digital.

Porém, adaptar-se a novas tecnologias frequentemente vem com seus próprios desafios. A resistência interna e a falta de clareza sobre como estas tecnologias podem se integrar nos modelos de negócio existentes são barreiras comuns. Um exemplo claro é o da PharmaTech, que ao tentar integrar uma nova plataforma de IA com os sistemas legados, enfrentou uma infiltração de desconfianças nas equipes operacionais, que temiam perder controle sobre processos críticos. A superação dessa resistência exigiu um forte plano de comunicação e engajamento, o que resultou, por fim, em uma implementação bem-sucedida que elevou sua competitividade.

Para garantir que a governança de TI não apenas reaja, mas também antecipe essas mudanças, é necessário criar **planos de ação eficazes**. Esses planos devem incluir um mapeamento claro das tecnologias que têm potencial disruptivo e treinamento para as equipes. A empresa de telecomunicações ConnectNow se destacava nesse aspecto, criando workshops que não apenas discutiam novas tecnologias, mas também integravam as vozes dos colaboradores em busca de soluções. O resultado foi não apenas melhorias em seus processos, mas um fortalecimento da cultura de inovação.

Outra dimensão crucial é a **agilidade organizacional**. Estruturas organizacionais rígidas podem sufocar a inovação. Portanto, adotar uma abordagem mais flexível e colaborativa na governança de TI é uma estratégia essencial. Isso pode ser exemplificado na startup FinFlex, que sempre priorizou equipes interdisciplinares, possibilitando um fluxo dinâmico de informações e a abertura para adaptações rápidas. Assim, quando a FinFlex decidiu incorporar serviços baseados em blockchain, a integração foi simplificada, pois as diversas equipes estavam alinhadas e colaborativas, promovendo um lançamento sem fricções.

Ao refletir sobre a adaptabilidade e sustentabilidade da governança de TI, é crucial que as organizações reconheçam a importância de serem ágeis e receptivas às novas tecnologias. Isso não só lhes garantirá uma vantagem competitiva em um mercado altamente dinâmico, mas também criará uma cultura organizacional saudável, que abraça a mudança como uma oportunidade e não como uma ameaça.

Então, como sua empresa pode começar a investigar e aplicar essas tendências emergentes em sua própria governança? Quais são os passos que podem ser dados já amanhã para fomentar uma cultura de adaptação e inovação? À medida que avançamos pela exploração de engajamento de stakeholders e práticas sustentáveis, essas questões servirão como faróis que iluminam seu caminho diante das novas diretrizes provocadas por um ambiente de governança em constante evolução.

Para garantir a sustentabilidade da governança de TI, o engajamento dos stakeholders é um dos pilares mais cruciais. Ele é essencial não apenas para criar um ambiente colaborativo, mas também para assegurar que as práticas de governança estejam alinhadas com as expectativas e preocupações dos que têm interesse nas operações da organização. O engajamento efetivo dos stakeholders pode ser a linha divisória entre o sucesso e o fracasso de iniciativas dentro de um ambiente de TI em constante mudança.

A primeira estratégia para fomentar esse engajamento é cultivar **relacionamentos fortes**. Para isso, vale a pena investir tempo em reuniões regulares e abertas, onde todos podem compartilhar suas opiniões e sugestões. Criar essas oportunidades para o diálogo não só capacita os stakeholders, mas também promove um senso de pertencimento. Um exemplo positivo é a EcoSolutions, que implementou reuniões trimestrais com seus parceiros. Esse formato de reunião não só trouxe à tona preocupações sobre a governança de TI, como também resultou em ideias inovadoras que otimizaram os processos existentes.

Além disso, a **transparência é um fator-chave** no engajamento dos stakeholders. Ao fornecer informações claras sobre as decisões e processos de governança, a organização demonstra responsabilidade e compromisso. Isso gera confiança e pode levar a – em alguns casos – um suporte ativo por parte dos colaboradores e parceiros. Um excelente caso que exemplifica isso é a BioCorp, onde uma plataforma digital foi criada para que os stakeholders pudessem acompanhar em tempo real as ações da empresa. Como resultado, a BioCorp notou um aumento significativo na colaboração e no fluxo de sugestões, proporcionando uma governança mais sólida e interativa.

Outro ponto fundamental é a implementação de **feedback contínuo**. Para que os stakeholders se sintam verdadeiramente ouvidos, é vital que haja canais abertos de comunicação. Através de pesquisas, questionários e fóruns de discussão, a organização pode captar as opiniões valiosas que aperfeiçoam as medidas de governança. Um exemplo impactante é a TechWorld, que realizou um grande projeto de feedback e foi capaz de ajustar suas políticas com base nas sugestões dos funcionários. Essa ação não apenas fez a equipe sentir que suas vozes eram ouvidas, mas também melhorou a satisfação no trabalho e a moral dentro da empresa.

Por último, mas não menos importante, é essencial adotar **técnicas que garantam o envolvimento a longo prazo**. Isso inclui reconhecer o esforço dos colaboradores e stakeholders, criando um ambiente de valorização. Programas de reconhecimento e premiação que destacam contribuições significativas não só celebram recomendações úteis, mas também fomentam uma comunidade forte que se preocupa ativamente com o sucesso da governança de TI.

À medida que encerramos a discussão sobre o engajamento dos stakeholders, reflita: como sua organização pode iniciar este ciclo de compromisso com as partes interessadas? Quais ações podem ser implementadas imediatamente para fortalecer as relações e garantir que todos estejam na mesma direção? Avaliar a importância do engajamento pode se tornar um divisor de águas na busca por uma governança de TI robusta e eficaz, capaz de lidar com as complexidades modernas. Assim, o envolvimento ativo dos stakeholders não é apenas uma tarefa, mas sim um comprometimento com a construção de um futuro melhor.

Capítulo 12: O Futuro da Governança de TI

O cenário atual da governança de TI é profundamente influenciado por um conjunto de tendências emergentes que prometem reconfigurar a maneira como as organizações operam. À medida que observamos a propagação da inteligência artificial, automação e digitalização, fica nítido que estamos diante de uma revolução. Da mesma forma que a Revolução Industrial moldou economias e sociedades, a era digital exige uma reavaliação das práticas de governança existentes. É fundamental que líderes e gestores de TI estejam atentos a essas alterações, pois a capacidade de adaptação se revela não apenas benéfica, mas essencial para a sobrevivência no mercado.

A inteligência artificial, por exemplo, tem se mostrado um game changer em diversas organizações. Estudos apontam que o uso de sistemas de IA já contribuiu para uma melhoria expressiva na eficiência operacional. Contudo, a introdução dessa tecnologia não vem sem desafios. As empresas se veem diante da necessidade de reformular estruturas e processos, garantindo que atinjam um grau de adaptação que não comprometa sua governança. Segundo uma pesquisa recente, mais de 70% das empresas citam a falta de habilidades necessárias como um importante obstáculo à implementação bem-sucedida da IA. É um manifesto claro de que estamos apenas começando a dançar com a tecnologia.

Além da IA, a automação é outra tendência crescente que transforma a governança de TI. O aumento na adoção de ferramentas automatizadas tem o potencial de reduzir estima-se que as organizações possam economizar até 30% em custos operacionais, melhorando práticas de conformidade e minimizando riscos. No entanto, a integração dessas ferramentas requer um planejamento meticuloso e um alinhamento claro entre os objetivos da organização e a capacidade das novas tecnologias. O exemplo da empresa EcoTech, que implementou a automação em suas rotinas, salienta quão crucial é o gerenciamento cuidadoso na transição para essas novas práticas.

A digitalização, por sua vez, não é um ponto a ser ignorado. Cada vez mais, as empresas estão buscando maneiras de transformar seus modelos de negócios, movendo-se para um ambiente digital. Essa mudança não só melhora a experiência do cliente, mas também facilita a inovação contínua. No entanto, para realizar uma digitalização efetiva, é necessário construir uma infraestrutura robusta de TI que suporte essas novas práticas, além de promover uma mentalidade inovadora entre seus colaboradores.

Em suma, o futuro da governança de TI depende de uma constante vigilância sobre as tendências emergentes e uma disposição para se adaptar e evoluir. As organizações que conseguirem estabelecer essa flexibilidade não só sobreviverão, mas prosperarão em um mundo em rápida transformação. Ao considerarmos os seguintes blocos do nosso estudo, será essencial refletir sobre como a governança pode, de fato, ser um pilar que sustenta não apenas a eficiência operacional, mas a inovação e o crescimento em um ambiente digital cada vez mais dinâmico. O que podemos fazer hoje para garantir que nossa prática de governança de TI não seja apenas reativa, mas pró-ativa, colocando-nos um passo à frente dos desafios do futuro?

Enquanto o futuro da governança de TI se desdobra diante de nós, a primeira coisa que deve ser considerada é que a transformação cultural é o alicerce sobre o qual todo o resto se edifica. Para que a inovação e a adaptação sejam não apenas possíveis, mas também sustentáveis, é essencial que as empresas externalizem uma cultura de abertura, criatividade e aceitação da mudança. E nesse cenário, líderes visionários têm um papel preponderante.

A liderança não se limita apenas a gerenciar, mas envolve inspirar pessoas a abraçar a ambiguidade e a incerteza que vêm com novas tecnologias e métodos de trabalho. Líderes que praticam a **escuta ativa** – aqueles que realmente se esforçam para compreender as preocupações e ideias de suas equipes – são aqueles que conseguirão gerar um ambiente propício à inovação. Exemplo disso é a CEO de uma das startups mais bem-sucedidas da última década, que estabeleceu uma política entre seus funcionários: "Se você tem uma ideia, traga-a mesa! Nunca tenha medo de sugerir algo novo". Nesse clima de confiança, sua equipe não apenas se sentiu valorizada, mas produziu inovações que alavancaram a empresa para patamares inimagináveis.

A transformação cultural também envolve a flexibilidade em moldar e remodelar a visão da organização. Uma cultura que favorece o aprendizado contínuo permite que os colaboradores se sintam confortáveis ao tentarem, falharem e aprenderem com seus erros. Esse conceito está entrelaçado com a evolução da governança, que precisa estar alinhada às demandas do mercado dinâmico de hoje. Quando a liderança não apenas aprova, mas também impulsiona essa mentalidade, a organização não se torna apenas um observador das mudanças, mas um agente de transformação.

Além disso, o papel da colaboração interdepartamental não deve ser subestimado. A governança de TI bem-sucedida requer uma integração harmoniosa entre todas as áreas da organização. Imagine um cenário em que as equipes de TI, marketing e operações trabalham juntas em um projeto. O fluxo de ideias e a diversidade de pensamentos que emergem dessa colaboração podem levar a soluções inovadoras que uma única área poderia não ter imaginado. A empresa Renova, por exemplo, adotou sessões de brainstorming interdepartamentais para explorar soluções a partir de diferentes perspectivas, e isso resultou em uma nova linha de produtos que não só atendeu às necessidades do mercado, mas superou expectativas de vendas em 40%.

É importante também lembrar que a liderança não deve ser uma tarefa solitária. Envolver os stakeholders de maneira contínua e autêntica é um passo crucial para o sucesso a longo prazo. Isso não significa apenas engajar as lideranças, mas estabelecer canais abertos de comunicação e feedback com todos os níveis da organização. Ao implementar práticas de co-criação, onde todos são convidados a contribuir com ideias e sugestões, a empresa se fortifica através da diversidade de vozes e experiências.

Assim, ao olharmos para o futuro da governança de TI, torna-se claro que a transformação cultural e a liderança visionária são aliadas inseparáveis nessa jornada. Um líder que promove um ambiente colaborativo e aberto à inovação certamente impulsionará não apenas práticas eficazes de governança, mas também uma cultura organizacional que fabricará novos líderes e ideias para enfrentar os desafios do amanhã. Portanto, indagar-se: como você pode, a partir de agora, moldar a cultura de sua organização para que a adaptabilidade e a inovação fluam livremente? E que ações concretas você pode implementar hoje para pavimentar o caminho de uma liderança inspiradora e transformadora? É ao refletir sobre essas questões que a verdadeira jornada de transformação se inicia, e o futuro começa a ser moldado por uma governança consciente e adaptativa.

A governança de TI não pode prosperar sem o engajamento sólido de seus stakeholders, que se torna cada vez mais crucial em um contexto tecnológico em constante evolução. Neste cenário, a colaboração e a sinergia entre as diferentes partes interessadas não apenas enriquecem o processo de governança, mas servem também como um motor de inovação e eficiência. Compreender esta dinâmica é fundamental para surfar as ondas de mudanças trazidas pela digitalização e pela automação.

Um dos primeiros passos para fomentar um ambiente de colaboração é o fortalecimento das relações. Reuniões regulares, abertas e informais, onde os stakeholders têm liberdade para expressar suas opiniões e ideias, são essenciais. Essa prática não apenas fortalece o vínculo entre as partes, mas também gera um fluxo incessante de ideias que podem levar a melhorias significativas nas práticas de governança. Exemplos de empresas que já implementaram essas abordagens mostram que, quando as vozes de todos são ouvidas, a inovação floresce.

A transparência é outro aspecto vital. Criar canais de comunicação que permitam que todos os stakeholders tenham acesso a informações claras e atualizadas sobre decisões e mudanças assegura que haja um clima de confiança. Isso vai além da simples divulgação; trata-se de um envolvimento ativo, onde todos se sentem parte do processo. Por exemplo, a XYZ Corp. adotou uma plataforma digital que permite que os stakeholders sigam em tempo real o progresso de projetos de governança, resultando não apenas em maior engajamento, mas, também, em um incremento de 20% na eficácia de suas iniciativas.

O feedback contínuo é a chave para garantir que todos se sintam verdadeiramente ouvidos. Pesquisas realizadas ao longo dos últimos anos têm mostrado que organizações que promovem mecanismos de feedback respeitáveis e eficazes são mais bem-sucedidas em adaptar suas práticas às necessidades de seus stakeholders. Um estudo de caso particularmente interessante é o da Innovatech, que implementou ciclos de feedback trimestrais. Essa ação possibilitou a identificação de melhorias práticas em seus processos, mostrando que a escuta atenta não é uma opção, mas uma obrigação.

A implementação de positividade e reconhecimento nas interações diárias também faz parte do engajamento de stakeholders. Programas que celebram os esforços significativos dos colaboradores e parceiros cristalizam um sentimento de comunidade e pertencimento. Na Wise Solutions, a realização de eventos mensais que reconhecem as contribuições valiosas de stakeholders não só aumentou a moral interna, mas também solidificou relacionamentos comerciais, tendo um impacto direto nas vendas e na retenção de clientes.

Além dos pontos discutidos, o futuro da governança de TI está intrinsecamente ligado à capacidade das organizações de formar comitês multidisciplinares que reflitam a diversidade de competências e conhecimentos. A natureza complexa das tecnologias emergentes exige que líderes de diferentes áreas se unam em torno de um propósito comum, criando um espaço onde as ideias podem ser trocadas livremente. Um exemplo prático é a assembleia mensal do projeto GreenWise, onde representantes de TI, sustentabilidade e operações se reúnem para discutir inovações com o objetivo de integrar práticas sustentáveis na governança, resultando em uma política não apenas inovadora, mas também respeitosa com o meio ambiente.

À medida que as organizações se ajustam a essa nova realidade, o engajamento ativo dos stakeholders emerge como um caminho claro para assegurar práticas de governança de TI eficazes e resilientes. Portanto, como você pode começar a aprimorar o engajamento em sua organização? Que ações urgentes podem ser implementadas para fortalecer as relações e garantir que todos estejam alinhados com os objetivos comuns da governança de TI? Tais reflexões são fundamentais para darmos o próximo passo, cultivando relações que não apenas suportam a governança, mas também transformam a maneira como as empresas operam no contexto moderno.

O futuro da governança de TI é um campo repleto de possibilidades e desafios que exigem a atenção e o comprometimento de todos os envolvidos. Nesta reta final do capítulo, é fundamental refletir sobre como cada um pode assumir um papel ativo nessa transformação.

Primeiramente, o que precisamos reconhecer é que as mudanças não acontecem da noite para o dia, mas são frutos de pequenas e consistentes ações. Cada um de nós tem a responsabilidade de contribuir para esse futuro, seja por meio da adoção de novas tecnologias, da promoção de uma cultura organizacional que valorize a inovação ou pela consciência da importância de uma governança transparente e colaborativa.

Agora, convido você a visualizar como sua organização pode se beneficiar ao integrar práticas éticas, sustentáveis e inovadoras na governança de TI. Imagine o impacto que a comunicação aberta e a real colaboração entre departamentos podem ter na eficiência e na motivação da equipe. Pense em como o envolvimento proativo dos stakeholders pode resultar em soluções inovadoras que não apenas atendem às necessidades atuais, mas também antecipam os desafios futuros.

Diante de um ambiente empresarial em constante mudança, é vital que os líderes de TI e gerentes adotem uma abordagem multifacetada. Isso significa estarem abertos ao aprendizado, flexíveis nas suas estratégias e comprometidos em formar uma rede de apoio ao redor do objetivo comum: a transformação digital sustentável e eficiente.

Inspire-se em casos de sucesso de empresas que estão à frente do seu tempo ao integrá-las em sua rotina. Como, por exemplo, a AgileCorp, que implementou uma estratégia de feedback contínuo com sua equipe. O resultado? Uma atmosfera onde todos se sentem valorizados e engajados, com liberdade para expressar ideias que podem redefinir a forma como a empresa opera. Isso é o que a verdadeira colaboração proposta nas práticas de governança de TI pode alcançar.

Portanto, tome a iniciativa de ser parte da mudança. Compartilhe suas ideias, envolva-se nas discussões relevantes e não tenha medo de experimentar. Ao empoderar o outro, você não apenas acolhe a diversidade de pensamentos, mas também constrói um legado de inovação que servirá de modelo para as futuras gerações.

Ao encerrar esse capítulo, proponho duas questões para reflexão pessoal: Como você pode se comprometer a adotar novas práticas em sua organização já a partir de amanhã? Que primeiros passos você pode dar na direção de um ambiente mais colaborativo e inovador? Ser um agente de mudança começa com a disposição de agir e a consciência de que cada esforço conta.

Em última análise, o compromisso com a governança de TI é um compromisso com o futuro. Que sua jornada seja repleta de aprendizados, descobertas e, acima de tudo, uma fonte de inspiração para muitos outros. A transformação começa com você!

Queridos leitores,

Chegamos ao final de nossa jornada pela transformação da governança de TI, e quero expressar minha mais profunda gratidão a cada um de vocês por embarcarem nesta aventura. Ao longo deste livro, exploramos temas fundamentais que revelam como a governança de TI não é apenas uma obrigação administrativa, mas um ativo estratégico crucial para o sucesso de qualquer organização na era digital.

É meu desejo que as reflexões, exemplos práticos e técnicas apresentadas sirvam como ferramentas poderosas para que vocês possam aplicar em suas próprias realidades. A transformação que almejamos requer coragem, comprometimento e uma visão compartilhada, e cada um de vocês tem o potencial de liderar essa mudança.

Lembrem-se de que a governança de TI não termina aqui. É um processo contínuo, um caminho de aprendizado e adaptação que deve ser trilhado com ética, responsabilidade e um espírito de colaboração. A tecnologia está em constante evolução, e as oportunidades que ela proporciona são imensas. Abracem essas mudanças com uma mentalidade aberta e inspirem aqueles ao seu redor a fazer o mesmo.

Sempre que forem confrontados por desafios, lembrem-se: cada dificuldade carrega a semente de uma oportunidade. Sejam audaciosos, busquem a inovação e construam uma cultura de aprendizado contínuo dentro de suas organizações. Ao fazê-lo, vocês não apenas garantirão o sucesso da governança de TI, mas também contribuirão para a construção de um futuro mais próspero e sustentável para todos.

Muito obrigado por me permitir acompanhar vocês nessa jornada. Estamos juntos nessa busca por um amanhã melhor e mais eficiente.

Com gratidão e votos de sucesso,

Georges Montgomery

www.ingramcontent.com/pod-product-compliance
Lightning Source LLC
Chambersburg PA
CBHW020424220526
45464CB00002B/561